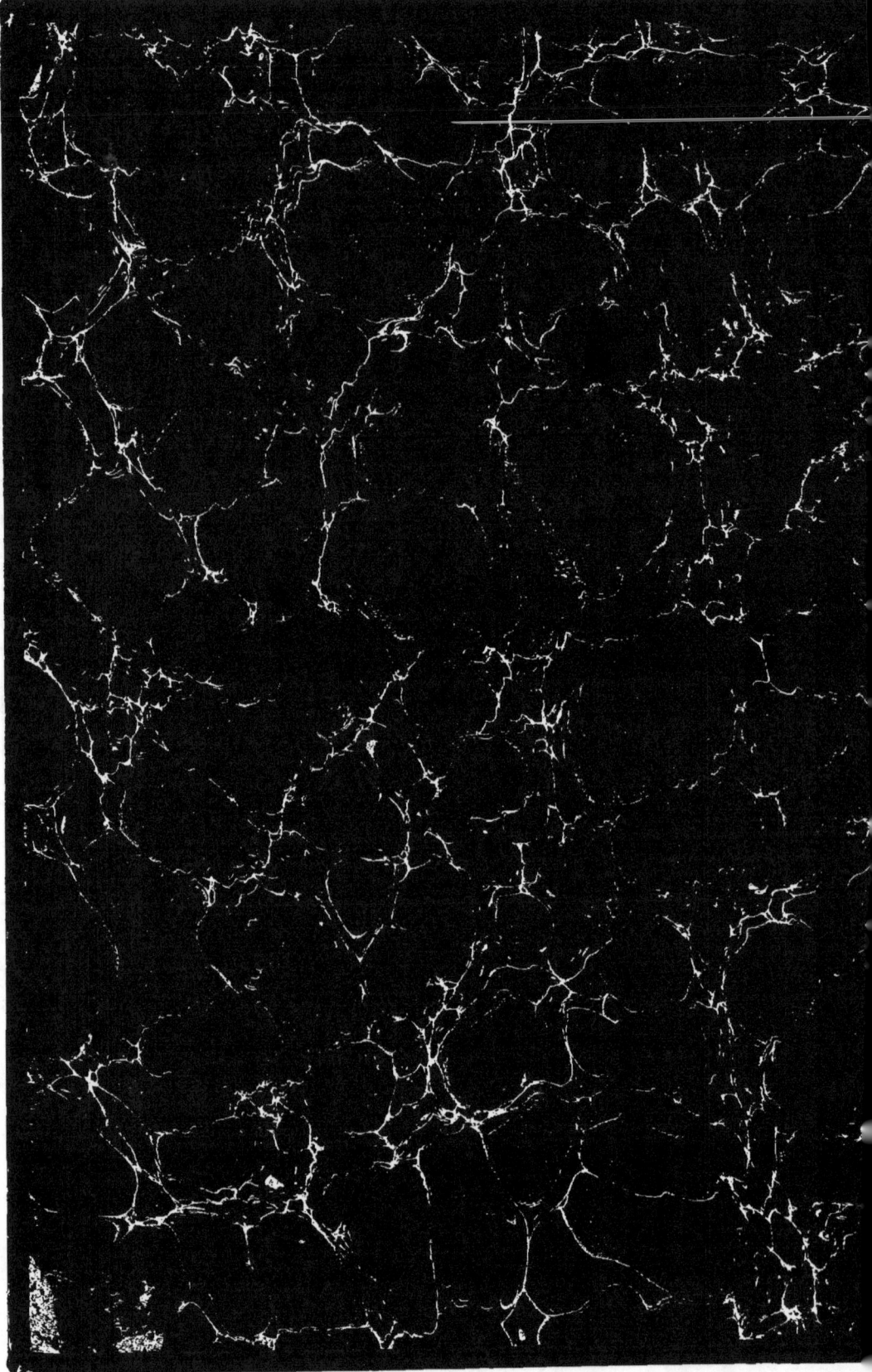

NOTRE-DAME
D'AJACCIO.

PARIS. — IMPRIMERIE DE FIRMIN DIDOT FRÈRES, RUE JACOB, 56.

NOTRE-DAME D'AJACCIO,

ARCHÉOLOGIE, HISTOIRE ET LÉGENDES;

PAR ALEX. ARMAN,

ANCIEN SOUS-PRÉFET,
TRÉSORIER DE LA CATHÉDRALE ET DU MONUMENT NATIONAL DE NAPOLÉON EN CORSE,
PRÉSIDENT DU CONSEIL DE L'ARRONDISSEMENT D'AJACCIO,
CHEVALIER DE LA LÉGION D'HONNEUR.

Cette terre où la foi a fixé sa demeure.
Abbé DE RAVIGNAN, à Ajaccio,
le 1er janvier 1843.

PARIS,
A. LELEUX, ÉDITEUR, RUE PIERRE-SARRAZIN, 9.

1844.

Un écrivain du dix-huitième siècle disait : Tel fait que j'ai exprimé en quelques lignes m'a coûté plusieurs mois d'investigations. C'est ce qui nous est arrivé. Ceci est une œuvre bien faible sans doute, mais une œuvre du moins où il est entré des matériaux de bon aloi. Nous avons été secondé par M. Conti, par Mgr Pino et le chanoine Rongiconi, par le marquis Cunéo-d'Ornano, de l'académie des Arcades, par le peintre Varèse, par l'ancien ingénieur en chef Robiquet, l'ami éclairé de la Corse, par l'inspecteur des écoles Cerati, qui brûle les plus jolies poésies du moment qu'elles s'échappent de sa plume facile, par le licencié en droit J.-A. Colonna-d'Ornano, d'une rectitude d'esprit peu commune, par MM. les Fabriciens de Notre-Dame d'Ajaccio, si unis, si pieux, si animés du bien de l'église, qui doit tant à leurs bons soins.

Il faut prononcer ici les noms de ces dignes membres de la fabrique de la cathédrale : MM. F. de Baciocchi-Adorno, ancien maire d'Ajaccio, A. Forcioli, S. Frasseto, l'archiprêtre Gabrielli, A. Peraldi, ancien membre de la chambre des députés, P.-F. Peraldi, maire, P.-S. Poggi, J.-M. de Ponte, le chanoine Pozzo di Borgo, G. Stephanopoli-Comnène, ancien maire d'Ajaccio, ancien sous-préfet, ancien membre du conseil général.

NOTRE-DAME D'AJACCIO.

CHAPITRE Ier.

LES TROIS ANCIENNES CATHÉDRALES.

> On dirait qu'un souffle divin anime encore la poussière de ces temples ; et le paysage entier, baigné par la mer, ressemble à un tableau d'Apelles, consacré à Neptune et suspendu à ses rivages.
> *Génie du Christianisme.*

Avant Notre-Dame on a eu Saint-Euphrase, Saint-Jean et la Sainte-Croix. Voici sur ces anciennes cathédrales des choses inédites de quelque intérêt, découvertes au milieu de ce peuple d'Ajaccio qu'on eût pu croire déshérité de son passé par la perte des archives de la ville, du diocèse et du commissaire de Gênes. Celles-ci, qui embrassaient plusieurs siècles, étaient composées d'innombrables documents conservés dans la forme des dossiers de procédure. Un cordon, légèrement recouvert à l'un de ses bouts d'une mince feuille de métal, en traversait les liasses de part en part. Il ressemblait comme deux gouttes d'eau aux lacets dont se servaient les femmes des montagnards ; fâcheuse ressemblance qui excita la convoitise des pinzuti de Bonelli, logés en l'an V dans le local des archives. Ces paysans, coiffés du bonnet national corse pointu (pinzuto), les voltigeurs corses d'aujourd'hui, délièrent les liasses et enlevèrent les cordons pour les apporter à leurs chères moitiés. La perte des papiers fut bientôt consommée. C'est assez, et nous pouvons nous dispenser de dire la fin malheureuse des deux autres dépôts d'archives. Entrons en matière.

I. *Saint-Euphrase.* L'ordo du diocèse fait remonter au quatrième siècle l'érection du siége épiscopal d'Ajaccio. C'était après la conversion de Constantin, vers l'an 580 de J. C., quand les temples du paganisme furent détruits dans les provinces du monde romain, époque où dut tomber à Ajaccio (1) celui d'Apollon, si la chronique de Della Grossa (2) a dit vrai, ce qui est fort douteux. La foi n'avait pas pénétré dans toute l'île, dont tant de parties diverses étaient isolées par de hautes montagnes et d'impénétrables forêts. Mais elle avait pu éclairer de bonne heure la plupart des districts voisins de la mer. C'est sur le littoral que s'élevèrent les premières églises, Ajaccio, Sagone, Nebbio, Mariana et Aleria, érigées depuis en cathédrales.

La cathédrale d'Ajaccio avait pour patron saint Euphrase évêque, l'un de ceux qui passèrent les premiers dans les îles pour y prêcher la parole du Dieu de mansuétude (3). Il n'est pas hors de vraisemblance, comme le dit la légende, que la charpente de la cathédrale eût été faite par de saints prélats. Durant les persécutions de l'arianisme, en l'an 484, le roi vandal Unneric, qui était arien, relégua en Corse les évêques orthodoxes, leur imposant la charge d'exploiter les forêts de l'île au profit de sa marine. Si ce furent ces évêques persécutés qui façonnèrent ou assemblèrent la charpente de la vieille église de Saint-Euphrase, cette église daterait d'un siècle après l'établissement du siége selon l'ordo; sinon la légende ne pourrait s'appuyer sur ce fait historique rapporté par Victor d'Utique. Mais l'ordo pourrait bien avoir tort.

Le document irrécusable le plus ancien est une épître de saint Grégoire le Grand, du mois d'août de l'an 600. Alors la Corse était une dépendance de l'empire d'Orient. Évandre, évêque d'Ajaccio (Adjacium), venait de mourir. Le pape prescrit dans cette épître la convocation du clergé et du peuple pour lui donner un uccesseur, tenu de se rendre à Rome où Sa Sainteté l'examinerait

---

(1) L'*Urcinium* de Ptolémée.
(2) *Filippini*, t. I, p. 18.
(3) *Id.*, t. V, p. 408.

et l'approuverait (1). Le siége d'Ajaccio a donc au delà de douze siècles et demi d'existence prouvée. Cette cité d'Adjacium était un peu plus enfoncée dans le golfe, et couvrait la partie de la côte qui s'étend de la chapelle de Sainte-Lucie au décrépit micocoulier si connu sous son nom corse de la Sciarabbola. Elle avait de vastes pâturages, une plaine d'une puissance de fertilité prodigieuse (2), le meilleur port de l'île (3). Mais alors les lois étaient un frein à peine senti ; de petits princes étrangers et souvent de simples seigneurs du pays s'arrachaient un pouvoir toujours chancelant. Les cantons sans fief n'étaient pas moins agités, car là où les manoirs crénelés des barons cessaient de paraître, on voyait s'élever les quinze tours des caporaux du peuple ou tribuns héréditaires, la plus grande plaie qui ait jamais affligé la Corse. Tout languissait au milieu des plus beaux éléments de prospérité. La foi seule était toujours vive. C'est en 1126 que le comte Polverello donna aux évêques d'Ajaccio ses terres du Frasso et d'Agosto qui formaient, dans la partie sud-est du golfe, une des plus riches possessions de l'île. L'acte dit : *Frasso et vassalli con stagno et acque, fiumi, terre, casa sua, porto.* Sa maison était la tour carrée encore debout sur des rocs de granit. Le vaste domaine du Frasso a eu ses révolutions diverses : déserté avec le village lors des incursions des Maures ou Barbaresques (4), envahi par des paysans après les premières secousses de notre grande révolution, il a été abandonné par l'État en vertu d'une décision du ministre des finances du 30 décembre 1830, ainsi formulée : « Il ne sera donné aucune suite à l'action en revendication des terres *vaines et vagues* de l'ancien comté du Frasso. » Cette décision a livré un domaine de quarante kilomètres de circuit à des hommes pauvres de moyens pécuniaires et de connaissances agricoles, et dont les foyers sont à de grandes distances. Le comte de Vignolle, en 1819, avait fait commencer les poursuites. Ces terres, écrivait-il au ministre, sont d'un grand intérêt pour l'agronome et l'administrateur (5). Le vi-

(1) Ep. 74, indict. 4. — *Limperani*, t. I, p. 260.
(2) Campo dell'Oro.
(3) Le contre-amiral de Hell.
(4) *Filippini*, t. V, p. 435.
(5) *Archives de la direction des domaines d'Ajaccio.*

comte de Suleau les appelait un séjour des Mille et une Nuits aujourd'hui triste et désenchanté. On ne sait rien d'ailleurs de la personne du comte Polverello (Poussière légère), et nous ne saurions dire comment il voulut se dépouiller de tout aux pieds de l'évêque Guglielmo qui occupait alors le siége d'Ajaccio, et dont les successeurs, au moins ceux des dix-septième et dix-huitième siècles, prirent le nom de comtes du Frasso. Ce fut peut-être à la suite d'une grande infortune ou sous les liens d'un vœu; et le champ des conjectures s'agrandit en pensant que c'était au temps des croisades. L'acte de donation fut dressé sur la place publique du Frasso. Cet acte du douzième siècle n'a été connu, à ce qu'il paraît, que par une copie transcrite dans un registre ouvert à l'évêché d'Ajaccio en 1622. Limperani (1) n'en a rien dit, malgré la mention qu'une publication célèbre en avait déjà faite : nous voulons parler de la *Giustificazione* (2), cet ouvrage de moines qui fit tant de blessures à Gênes dans l'île.

Les Maures ou Barbaresques, disions-nous, firent déserter Frasso par leurs fréquentes descentes en Corse. Cette force venue du dehors et les guerres intestines repoussèrent à l'envi tous les habitants du littoral sur les hauteurs, où la défense était plus aisée. Maintenant que les temps d'alarmes sont passés, les Corses cherchent à se partager entre les deux régions, encouragés par cette sentence des anciens sages du pays : *Loda il monte e tienti alla piaggia*. Combien de choses il y aurait à faire qui toutes accéléreraient et faciliteraient ce mouvement civilisateur. Le savant Limperani d'Orezza a écrit : « La nation corse ne se relèvera plus si elle ne retourne aux marines vivre dans les villes. » (t. I, p. 15, 25.)

Ajaccio, au moyen âge, n'était qu'une simple bourgade faiblement protégée par le château dont il existe des ruines nommées le Castel-Vecchio (3). Son église de Saint-Euphrase, citée dans un acte de 1192, où ce nom est écrit San-Frosi (4), était disparue sans qu'il en fût resté la moindre trace.

II. *Saint-Jean*. Nous voyons dans un mémoire soumis à l'A-

---

(1) Rome, 1779 et 1780.
(2) Corte, 1764.
(3) *Filippini*, t. I, p. 87.
(4) *Cambiagi*, t. I, p. 134.

cadémie des inscriptions (1), que des ruines découvertes sur l'emplacement de l'Adjacium étaient celles de l'église de Saint-Jean, « l'ancienne cathédrale, » ajoute le mémoire. Même opinion dans Germanes (*Révol. de Corse*, t. I, p. 12). On ne saurait douter, d'après les indications de la tradition et quelques traces de constructions anciennes que nous avons été reconnaître au milieu d'un bouquet d'oliviers près de la chapelle sépulcrale Puglicsi, qu'il n'y eût là une église appartenant à la période ogivale, et dont les quatre murs sur pied jusqu'en 1757, étaient formés de belles pierres de taille(2) que l'on employa dans la ville actuelle : elles servirent à élever au-dessus de la porte bastionnée qui s'ouvrait du Carruggio dritto (3) à la place de l'Olmo, la tour de l'horloge, détruite depuis avec les murs d'enceinte. C'était la cathédrale des derniers temps de l'ancienne ville. Il nous est venu de cette église un crucifix de bois de poirier, nommé le Cristo Moro, à cause de la teinte bistre qu'il doit à l'action des siècles qu'il a traversés ; le Sauveur, dont la chevelure et la barbe sont d'une pureté classique, a le chef penché du côté droit, les yeux clos, la bouche légèrement entr'ouverte ; les dents se voient un peu. C'est bien le sommeil du juste. Il a un mètre de l'épaule aux doigts des pieds. Ce crucifix est à San-Carlo, la nouvelle chapelle des pénitents de Saint-Jérôme, dont l'ancien oratoire servit de paroisse quelques années sous l'épiscopat de Mgr Doria. L'église de Saint-Jean était proportionnée à la population, par conséquent fort petite. Une statuette du saint qui vint aplanir les sentiers du Sauveur, ornait son portail. D'un travail médiocre, elle rappelle les pénates de bois ou d'argile d'autrefois. Cette statuette tout enfumée, qui domine les fonts de la cathédrale actuelle, a pu voir quinze générations passer devant elle.

III. *La Sainte-Croix*. Une compagnie génoise, qui posséda d'immenses richesses et des flottes nombreuses, la banque ou office de Saint-George (4), posséda aussi des îles en toute souveraineté. Maîtresse de la Corse tout un siècle (de 1455 à 1561), elle s'ac-

(1) Séance du 20 avril 1821.
(2) *J.-B. Baciocchi*, ms.
(3) La grand'rue.
(4) *Limperani*, t. II, p. 197.

quit des droits à la juste reconnaissance du pays par ses travaux de régénération (1). La couronne de roi de cette grande île commença de jeter quelque éclat placée sur le caducée de la compagnie. Ajaccio, dont Saint-George estima de faire le pivot de sa puissance dans cette belle moitié de l'île, était bien déchu; la tradition nous parle du mauvais air, et en effet quoique bâti sur un mamelon, *un picciol colle* (2), le voisinage de l'Inferno et d'autres lagunes devait lui être funeste. L'histoire, de son côté, nous apprend que l'office de Saint-George voulut contenir les seigneurs de fief (3). Il fonda l'Ajaccio de nos jours sur une pointe qui s'avançait dans le golfe à un kilomètre et demi plus en dehors. Le nouvel Ajaccio fut soustrait aux Gozzi de Cinarca qui avaient leur fort (4) sur le plus haut sommet du *monte di Lisa*. C'est un ouvrage des Titans plutôt que de l'homme; il en reste une voûte; si l'on y fouillait, on découvrirait peut-être une issue secrète vers le sud ou Sant-Antonio; le fort avait un autre passage au nord-est par la gigantesque fissure (5). La nouvelle ville date de 1492, l'année même où le Génois Colomb découvrit l'autre hémisphère.

Une cathédrale fut construite qui prit le nom de la Sainte-Croix (6). Ce nom seul est resté; tout est muet d'ailleurs. La Sainte-Croix devait être une petite église, à en juger par les premières maisons qui n'ont pas toutes disparu. Il y en avait de deux sortes : les unes que l'on appelait *Case à terreno*, se réduisaient à l'unique pièce du rez-de-chaussée; les autres, dites *Case à solajo* (7), maisons des principaux citoyens dans ce temps de grande simplicité, avaient le rez-de-chaussée et une chambre au-dessus.

L'office ceignit de murailles la nouvelle ville. La citadelle fut l'ouvrage de Paul de Thermes, général de Henri II, depuis maréchal de France. Il fit également les bastions, qui furent démolis, ainsi que les murailles, par ordre du premier consul et avec les bras des prisonniers de Marengo, pour laisser plus librement res-

(1) *Filippini*, t. III, p. 249.
(2) *Id.*, t. III, p. 108.
(3) *Id.*, t. III, p. 108.
(4) Castello della Moneta.
(5) *Filippini*, t. II, p. 181, 193, 211.
(6) *Id.*, t. V, p. 408.
(7) *Solajo*, plancher.

pirer la ville et lui laisser prendre tout son accroissement. La cathédrale se trouvant enclose dans le terrain où le maréchal de Thermes éleva la citadelle (1), fut sacrifiée, et l'on dut penser à en construire une autre. Les murs d'une nouvelle cathédrale purent être poussés jusqu'à la hauteur de 1 mètre 25 centimètres (2). Tous les efforts se bornèrent là. On était au seizième siècle. Alors en Corse le peuple n'était pas meilleur qu'autre part. Comme ailleurs il avait le cou roide, pour nous servir d'une expression biblique. Une bulle de Léon X, en 1516, réunit Bonifacio à l'archevêché de Gênes, les Bonifaciens ayant demandé de n'avoir plus rien de commun avec un troupeau aussi divisé que celui d'Ajaccio. Les évêques, qui s'en tenaient éloignés, n'y revinrent qu'en 1578 (3). Le peuple, abandonné à lui-même, malheureux, découragé, ne fit rien pour l'église à peine commencée, et ne compta plus désormais que sur la Providence.

(1) *Filippini*, t. V, p. 408. — *Vita di G. Giustiniani*, p. 29 et 169.
(2) *Id.*, t. I, p. 89.
(3) *Simidei*, p. 458.

CHAPITRE II.

CHRONIQUE ARCHÉOLOGIQUE ET ARCHITECTURALE
DE NOTRE-DAME.

SECTION Ire.

> Abbreviò la mole.
> *Car. Fab. Giustiniani*, 1607.

La Providence y mit en effet sa main puissante. Un coup de mer poussa dans le beau golfe Ugo Boncompagno, légat *à latere* de Pie IV à la cour de Madrid, au moment où, faisant route vers l'Espagne, il traversait les eaux de Corse. Le cardinal entra à Ajaccio, dont les habitants ne s'étaient pas encore relevés des malheurs de la dernière guerre de Sampiero d'Ornano, mais qui lui firent un accueil dont il fut touché (1). Devenu pape sous le nom de Grégoire XIII, les anciens de la ville, en 1582, année de la mort de Mgr Guidiccioni, se souvinrent de leur hôte, et résolurent d'aller lui demander au Vatican de ne pas remplir encore le siége, et d'en affecter les revenus à la construction de la cathédrale. Sa Sainteté venait de quitter les savants qu'elle avait réunis pour la réformation du calendrier; son esprit fatigué avait besoin d'émotions douces. Elle reçut avec empressement les envoyés de Corse qu'elle entretint avec bonté, et députa sur les lieux un vicaire apostolique, Joseph Mascardi, d'une famille d'excellents jurisconsultes de Sarzane, bon jurisconsulte lui-même, bien connu aussi dans les sciences ecclésiastiques, pour le gouvernement spi-

---

(1) *Vita di G. Giustin.*, p. 28 et 30.

rituel du diocèse privé de son pasteur, et spécialement pour y bâtir une cathédrale (1).

Or, voici ce qui se passa. Laissons parler un sage évêque de Mariana :

« Le pape Grégoire, dit ce prélat, avait annoncé à l'abbé Mascardi qu'après l'achèvement de l'église il le ferait évêque d'Ajaccio. Là arrivé, il estima, ainsi que l'assurent les diocésains, que les travaux traîneraient en longueur si on les exécutait selon les dessins des architectes, et, comme sa nomination à ce siège en eût été retardée, il réduisit les dimensions de l'édifice, non sans y causer quelques imperfections. Dieu abrégea ses jours (2). »

Mais, à sa mort, il était trop tard pour revenir à l'entière et fidèle exécution du plan apporté de Rome. Jules Giustiniani, un noble grec de l'Archipel, nommé au siège d'Ajaccio, s'occupa de cette œuvre avec tant de persévérance, qu'au bout de six ans il l'avait conduite à son dernier terme (3), nonobstant les empêchements de la fortune : Mgr Giustiniani acheta jusqu'à trois fois les marbres du portail, ses deux premières acquisitions ayant été la proie, l'une de la mer, l'autre des corsaires (4). Les ouvrages avaient été assez mal commencés pour que l'idée vînt à l'évêque de nous envoyer une expression de regret dans cette inscription gravée sur la frise extérieure :

D. O. M.
VOTIS ADJACEN. DEVOTI POPVLI SENATV GENVENSE FAVENTE R. Q. P.
GREGORIO XIII ANNVENTE EPISCOPALI MENSA PER QVINQVENNIVM PRÆSVLE
CONSVLTO DESTITVTA CENSVM MINISTRANTE ÆDIBVS HISCE SACRIS
ERECTIS JVLIVS JVSTINIANVS SIXTO V S. P. A. ELECTVS EPISCOPVS EXTREMVM
POSVIT LAPIDEM VTINAM POSVISSET ET PRIMVM ANNO MDXCIII.

Cette église sainte
Fut élevée sur le produit de la mense épiscopale,
Le siège ayant été cinq ans vacant
D'après les vœux du peuple pieux d'Ajaccio,
L'assentiment du sénat de Gênes et celui du pape Grégoire XIII.
Jules Giustiniani, créé évêque par Sixte-Quint,
Y mit la dernière pierre l'an 1593.
Que ne lui fut-il donné d'en poser la première !

(1) *Filippini*, t. V, p. 430 et 431. — *Vita di G. Giustin.*, p. 29 et suiv.
(2) *Vita di G. Giustin.*, p. 31.
(3) *Id.*, p. 39.
(4) *Id.*, p. 38.

La cathédrale, étant de la fin du seizième siècle, appartient à l'époque de la renaissance. Ses voûtes sont de plein cintre ; le portail de marbre blanc, jauni par le temps, est de l'ordre ionique, avec des colonnes plates au fût cannelé.

Nous n'avons sur son architecte que des données fort incertaines. On a conjecturé que ce fut Giacomo della Porta, architecte romain souvent employé par Grégoire XIII ; mais l'on n'a pu citer, pour appuyer cette conjecture, qu'un simple propos de salon. Sous l'épiscopat de Mgr Sebastiani della Porta, un homme d'esprit aurait dit chez un ancien préfet de la Corse : L'église de Della Porta a été bâtie par Della Porta. Une autre opinion plus commune, quelque peu hardie, comme il l'a semblé au premier moment, et que le Père J.-B. Rossi (1) et le cardinal Fesch (2) ont faite ou accréditée, veut que la cathédrale d'Ajaccio ait été construite sur un calque réduit de Saint-Pierre de Rome. Le pape put avoir en effet l'intention de bâtir en Corse une petite basilique de Saint-Pierre, de même que les Romains d'autrefois aimaient à reproduire au dehors et sur des échelles qui se modifiaient diversement selon les lieux, les amphithéâtres et les temples de Rome. Nous venons de voir que l'évêque expectant Mascardi osa tronquer le plan quel qu'il fût : il amoindrit le vaisseau de l'église. Si cette église est véritablement une réminiscence de l'œuvre du Bramante, l'on y chercherait en vain une faible reproduction des magnificences de cette grande œuvre architecturale. Ajoutons que l'historien de la Corse qualifie la cathédrale de belle (3), et qu'également Mgr Delacroix d'Azolette, archevêque d'Auch, qui l'a visitée quand il était évêque de Gap, la trouva belle, « mais petite. » Très-petite (angusta e ristretta), ont dit depuis les missionnaires romains Altieri (4) et Melia.

Un talent spécial devrait étudier la cathédrale dans la vue de découvrir, par ce qui existe, ce que le pape Boncompagno avait eu dessein de faire. Nous lui livrerions une remarque : la chaire en marbre, supportée par une colonne ornée d'une draperie ratta-

---

(1) N.-D. de Misér., *Mem. storiche*, etc., 1808, p. 6.
(2) *Lettre aux fabriciens de Saint-Roch d'Ajaccio*, du 4 février 1837.
(3) *Filippini*, t. V, p. 452.
(4) Des princes Altieri.

chée tout autour, parut trop haute de 50 centimètres, lors de la visite épiscopale de novembre 1841. On a vérifié depuis que la colonne repose sur un piédestal de 55 centimètres entièrement enterré, ce qui ne devrait pas être, et si cela n'était point, la chaire se trouverait trop élevée de 1 mètre 05 cent. Il est probable qu'on lui avait donné cette hauteur en raison des dimensions plus grandes du premier plan de la cathédrale, et d'après les lois de l'acoustique appliquées à l'église telle que Grégoire XIII avait voulu qu'on la fît, et non telle qu'on l'a faite et que nous la voyons.

SECTION II.

> On eut recours à un sage nommé Épiménide. Il savait combien la statue populaire, le pénate obscur console le malheureux. Épiménide éleva des autels, offrit aux dieux des sacrifices, et versa le baume de la religion dans le secret des cœurs.
> STRABON.

Maintenant que nous avons vu l'édifice dans son ensemble, entrons dans les détails, mais avec choix et en peu de mots.

Le maître-autel était alors au milieu du chœur sous un baldaquin (1). Il avait un grand tabernacle de marbre blanc (2). Placé aux fonts baptismaux, on serait tenté de demander à ce tabernacle : Que fais-tu là ? Le chœur était moins accessible aux regards du peuple qu'aujourd'hui ; deux petites colonnes corinthiennes, entre lesquelles s'ouvrait une porte, le séparaient du reste de l'édifice ; elles faisaient *barriera all' altare maggiore*, selon l'expression du Père Rossi (3). Ainsi clos en partie, la lumière y venait de la baie du fond, fermée sous l'empire. Le dessin en est à

---

(1) *Vita di G. Giustin.*, p. 112.
(2) *Id.*, p. 37.
(3) *Mem. storiche*, p. 82.

la chapelle de la Miséricorde, dans le médaillon du Vœu de la ville. On lit ceci en lettres d'or au-dessus de l'autel actuel :

D. O. M.
DEIPARÆ VIRGINIS
MARIÆ
ASSVMPTIONI
AC DIVIS EVPHRASIO
ET FRAN^{co} XAVERIO
PATRONIS
D. D. D.

Mgr Jules Giustiniani, tout en faisant revivre le titre de Saint-Euphrase, voua son église à la Vierge enlevée au ciel, où il chercha encore un autre appui. L'Europe voyait se dissiper les ombres du moyen âge, sans que la Corse, rarement explorée, laissée à son isolement, éprouvât l'effet de la rénovation générale. L'île était belle avec ses monts, ses forêts, ses torrents, mais d'une beauté un peu sauvage, parée de sa robe de makis : et l'on sait que

> La terra...
> Simili a se gli abitator produce.
> Tasso.

Le nouvel évêque, élevé à la petite cour de Scio et dans la meilleure compagnie de Rome, instruit sous la discipline des premiers maîtres de son temps, fut frappé de la grandeur de sa tâche, et il pensa qu'il devait vouer aussi sa cathédrale au saint apôtre des Indes, qui amollit et changea tant de cœurs.

Les chapelles, entièrement terminées plus tard, ou reconstruites ensuite avec d'autres ornementations, sont au nombre de six. Voyons ce qu'elles furent et quels souvenirs, touchant l'archéologie et la vie de l'île célèbre, elles rappellent.

1. NOTRE-DAME DEL PIANTO.

Pierre-Paul Ornano, enfant de la belle piève de ce nom que deux maréchaux de France ont porté, éleva cette chapelle, monument de la douleur profonde d'un père pleurant la mort de son fils unique. Il fut un de ceux qui vinrent habiter le nouvel Ajaccio ; mais lui, ne pouvant se faire au repos, passa à l'étranger pour y guerroyer. Ornano devint colonel des Corses au service de Venise. La chapelle coûta, dit-on, dix mille gros écus. Les stucs qui restent sont encore beaux, bien que, dépouillés de leur dorure d'or de sequins, et empâtés de couches de chaux, ils n'aient plus leur pureté première. Les peintures sont du Tintoret, d'après une tradition respectable, non du grand Tintoret, mais de Dominique Tintoret son fils, qui fut aussi un peintre habile, dit Moreri, et mourut à Venise en 1637.

Cette chapelle a éprouvé plusieurs changements. Le devant d'autel, remarquable par de belles incrustations, est dû aux Cunéo d'Ornano, qui succédèrent, en 1680, à la famille du fondateur ; leurs armes (un coin ou levier, *cuneus*) figurent au milieu de ce devant d'autel. Quand on exécuta les travaux promis à l'émeute par Mgr Doria, on ouvrit les deux petites portes de la cathédrale ; celle qui donne sur la chapelle occupe l'endroit même où se lisait une inscription, qui fut brisée ou mise de côté, et l'on trouva dans le mur le cadavre d'un adolescent entouré d'aromates, vêtu de damas cramoisi, avec des bas rouges et des boucles d'argent aux souliers. On dit que ce cadavre embaumé était celui du jeune fils du colonel Ornano. Les paroles de l'inscription paraissent à jamais perdues ; mais l'on entendait souvent en cet endroit, au milieu de l'obscurité qui y régnait alors, car la croisée actuelle est une œuvre postérieure, ce gémissement sorti des entrailles du père infortuné :

   Heu ! Ademarus meus !

Au commencement de 1793, la phalange marseillaise vint scandaliser la Corse par ses déportements et ses profanations. L'abbé Diamante, ce même prêtre qui avait baptisé Napoléon, montra combien le clergé en souffrait. Il logeait en face du golfe. On le vit paraître à sa croisée avec chape et étole, et de là excommunier la phalange passée à bord des vaisseaux de l'amiral Truguet. Cependant, à la faveur de la présence à Ajaccio de cette milice indisciplinée, on gratta les stucs de la chapelle pour en enlever l'or qui les recouvrait. Sous Charles X, on substitua au tableau de la madone del Pianto, ou des Larmes amères, celui de la Religion qu'envoya le ministre de l'intérieur. Ce fut encore une occasion de changements fâcheux. Il y avait deux colonnes en spirale gracieusement embrassées de pampre, qui ne laissaient peut-être pas entre elles un espace assez large pour recevoir la nouvelle toile. Le maçon de l'église y porta le marteau, et l'on fit alors les colonnes engagées d'aujourd'hui. Alors aussi on crut nécessaire de raviver la plupart des peintures attribuées à Dominique Tintoret, travail que se partagèrent un écolier et un amateur. Pauvre Tintoretto !

Le peuple lui donne le nom de la chapelle *de' Malvicini* (des Mauvais voisins). C'était l'autel le plus près de la porte, et la chapelle étant entourée d'une haute grille de fer, c'était en même temps l'autel le plus sûr. Deux hommes y avaient été vus, dont le regard inaccoutumé avait fait craindre le voisinage. Aussi les fidèles faisaient-ils, dès qu'ils les apercevaient, un mouvement involontaire de recul, allant se placer à une certaine distance des deux malvicini, qui se seraient trouvés là pour y jouir du droit d'asile. Une seconde tradition paraît tout simplement s'appuyer sur la seule conformité des noms au jugement de l'oreille : ce dut être un certain temps, a-t-on dit, la chapelle des Pallavicini, que le peuple, qui repousse les consonnes trop fortement labiales, aura prononcé Malvicini. Enfin, on veut que le colonel Ornano, peu content de la justice sans force et sans dignité qu'il voyait rendre dans l'île, ait su faire respecter lui-même ses propriétés par ses voisins, qui de là l'auraient nommé *Il Malvicino*, le Mauvais Voisin, selon leurs idées, parce qu'il les contenait, ou le voisin peu endurant ; et cette version-ci n'est peut-être pas la moins vraisemblable.

On voit sur un tableau sauvé du couvent des Franciscains d'Ajaccio un vieux guerrier debout, les mains jointes, le regard en attente de quelque chose, et déjà saisi par un ange qui va l'enlever sans doute dans un monde meilleur. C'est notre Ornano, d'après cette inscription qu'on lit au bas :

PETRVS PAVLVS ORNANVS
PRO REP.ᴬ VENETA
TOTIVS MILITIÆ CORSICÆ TRIBVNVS
ÆT. SVÆ AN. LXXVIII.

2. NOTRE-DAME DE MISÉRICORDE.

Une grande voix partie de la tour de Candia, sur laquelle se trouvait, dans une petite niche, une statuette de la madone de Savone, achetée quelques baïoques de vendeurs italiens, et que l'on entendit de la ville, où naturellement la voix humaine n'aurait pu arriver, frappa d'épouvante des hommes armés de stylets qui, près de cet endroit, s'abandonnaient à leur colère. Il fut pleinement cru que la grande voix était sortie de la statuette, et cette croyance qui refréna un peu les passions fit concevoir au capitaine Jean-Pierre Orto, propriétaire de la tour, le dessein d'y élever un oratoire à la Mère des Miséricordes. La statuette était de plâtre, mais elle avait parlé, et pour le pieux capitaine il ne pouvait y en avoir de plus précieuse au monde; pour la reine du ciel et des anges, il pensa que ce n'était pas assez qu'une figurine. Il fit donc venir de Gênes une statue de marbre, ainsi que deux statues plus petites, l'une du Beato Tonio (1), et l'autre de lui-même, pour prendre place aux pieds de la Vierge. Arrivées toutes les trois à Ajaccio, le capitaine Orto préféra l'église des Jésuites, qui venait d'être terminée, et dont il acheta la première chapelle du côté de l'Évangile. Le 5 avril 1645, on y inaugura solennellement la statue de Notre-Dame de Miséricorde (2). Ce fut bientôt la bonne Vierge que l'on aimait à initier dans les plus secrètes pensées, et de laquelle on attendait toutes les consolations. En 1656, le 21 novembre, sous l'épiscopat du cardinal Dongo, la ville d'Ajaccio, par le serment des anciens, cédant à un besoin généralement senti, se dévoua et consacra à la Mère des Miséricordes, qu'elle proclama sa protectrice. Trois ans après, le 17 mars 1660, les anciens, le commissaire de la sérénissime république et Mgr l'évêque convinrent de célébrer désormais la fête à la cathédrale. En même temps le vœu de 1656 fut renouvelé pour couvrir une irrégularité de la première cérémonie; car cette fois, par la participation de Mgr Ardizzone, il y eut la sanction épiscopale (3).

(1) Diminutif d'*Antonio* (Antoine Botta, qui eut la célèbre vision de San Bernardo).
(2) Le P. Rossi, *Mem. storiche*, etc., p. 36 et suiv.
(3) *Id.*, p. 44, 48 et 61.

Le conseil de la ville délibéra l'érection de la chapelle actuelle le 21 mars 1759. En 1750 (1), l'année où le général marquis de Cursay, mettant en honneur les occupations pacifiques, ouvrit aux beaux esprits de l'île les portes de l'académie des *Vagabondi*, on posa les marbres de la chapelle et l'on plaça dans sa niche la nouvelle statue. Ce sont les aumônes du peuple qui firent face à tout (2). Des gouaches garnissent la voûte de la chapelle : la Vierge des Miséricordes apparaissant dans la vallée de San-Bernando près de Savone, le samedi 18 mars 1536, forme le médaillon du milieu ; à droite, c'est la représentation de la peste déjà arrivée au faubourg, et dont on fut préservé à Ajaccio ; le Vœu de la ville fait le sujet d'un troisième médaillon, sujet d'histoire locale de quelque intérêt. Les têtes des officiers municipaux sont assez belles ; le costume est français et d'une époque un peu antérieure à la chapelle ; on y aperçoit une femme en faldetta, le jupon ramené par derrière sur la tête. De nombreux ex-voto décoraient la chapelle (3). Les prémices de la pêche du corail y dominaient (4) ; c'était, toutes les fois que les cent gondoles corallines d'Ajaccio revenaient de Barbarie, une petite exposition des coraux les plus beaux, les plus rares ou les plus riches.

La Vierge a ses robes, des joyaux sans nombre, tous les objets d'une toilette complète. Les premières dames d'Ajaccio étaient, dans le bon vieux temps, ses dames d'atours : ce qui nous est prouvé par des fragments de listes de service qu'on a mis entre nos mains. Elle porte, quand elle se montre au peuple, trois colliers d'or avec médaillons et deux médailles d'argent. Les colliers sont une offrande de familles dont elle avait comblé les vœux (5). L'une des médailles, dédiée à Louis XV par les États de Corse, en 1770, consacre le souvenir de la réunion de l'île à la monarchie ; le podestat Nicolas Stephanopoli la présenta à l'autel de la Miséricorde, au nom de la ville, qui attribuait à la Vierge la plus

---

(1) Le P. Rossi. *Mem. storiche*, etc., p. 56.
(2) Reg. du prieur J.-E. Baciocchi.
(3) Le P. Rossi, p. 56, 57 et 104.
(4) Reg. de J.-E. Baciocchi.
(5) Trois familles Peraldi : 1re François, fils d'Antoine ; 2e François dit Cecco, fils de Marius ; 3e Joseph dit Pipino.

grande part dans cet événement si heureux pour la Corse. Le type est une délicieuse composition numismatique qu'explique la légende : *Quam sublevatam finxit quod avellatur fascia* (la France arrache le bandeau à peine soulevé du Maure). On sait que les armes de Corse étaient une tête de Maure ayant les yeux couverts d'un bandeau, relevé sur le front du temps de Pascal Paoli (1). Ile mystérieuse ! elle eut pour emblème dans l'antiquité une femme voilée (2). Toujours un voile ou un bandeau : même à présent, sous certains rapports, malgré la médaille des États. La seconde médaille frappée à Milan, en 1797, dédiée *all' Italico* (à Bonaparte l'Italique), nous conserve le portrait fort ressemblant du jeune Corse qui commençait à remplir le monde de son nom ; elle fut suspendue à l'autel par une personne qu'on n'a pas nommée. Enfin, dans les processions, la madone a son front virginal paré d'une couronne d'or où brille un diamant de la comtesse César Berthier qui apportait ses bijoux à la Vierge des Miséricordes, pour que Dieu fît revoir la patrie aux restes de nos légions vaincues par les frimas dans la campagne de Moscou.

Au frontispice de la chapelle un marbre contient ceci :

ADJACENSIVM
IN DEIPARAM
OBSEQVIVM ET PIETAS.

A la Mère de Dieu, le peuple d'Ajaccio, plein d'amour et de dévotion.

3. NOTRE-DAME DU ROSAIRE.

C'est une grandeur déchue. Les quatre lampes d'argent ainsi que le trône ou niche d'argent qu'ornent des grappes et des feuilles de vigne d'un beau travail, et que l'on voit dans les solennités, appartiennent à la chapelle. Le saint sacrement y était exposé ; de nombreuses communions s'y faisaient. La Vierge était portée en procession. — On lit sur l'autel de cette chapelle que « Mgr Doria

---

(1) Artistes, écrivez sur votre calepin : Antérieurement à 1755, avec le bandeau ur les yeux ; sous Paoli, le bandeau relevé ; depuis 1769, point de bandeau du tout.

(2) Neumann, *Dict. d'antiquités de l'Encycl. méthodique.*

le consacra le 25 janvier 1765. » Les généraux comtes de Marbeuf et de la Tour-du-Pin étaient arrivés à Ajaccio depuis plus d'un mois pour occuper les places fortes au nom du roi de France. Cette consécration s'applique à l'autel actuellement existant ; il y a eu un autel plus ancien qui n'était probablement pas de marbre comme celui-ci ; il devait être en harmonie avec le retable, de stuc ou de plâtre, qu'on eût dû changer en même temps que l'autel. L'autel actuel, en forme de sarcophage, est beau. Il y a une madone qui appartient au type des premières images de la Vierge. L'arc de la chapelle raconte les cinq mystères joyeux, les cinq mystères douloureux et les cinq mystères glorieux de Notre-Dame du Rosaire, dans une série de médaillons découpés d'un vieux tableau. Un prieur de la chapelle, Pierre-François Sburlati (1), car avant le décret des fabriques la plupart des chapelles avaient leur prieur ou fabricien spécial, l'enrichit par sa bonne gestion. C'est de son temps que se firent les grandes lampes et la niche d'argent ; sur deux des lampes on lit son nom avec le millésime 1772. Nul ne sut mieux se créer des ressources. La signora Madalena dont il avait épousé la fille unique, avait fait des épargnes qui devaient lui revenir et qu'il pouvait déjà regarder comme siennes. Paola-Maria, servante de la belle-mère, avait aussi ses économies à elle. Que voulez-vous faire de cet argent dont je vois que la possession vous inquiète ? Là où vous le tenez, là est votre cœur. Combien je voudrais que vous vinssiez à le consacrer à la chapelle du Rosaire ! Les âges à venir y liraient vos noms. Sur ce, les deux femmes vidèrent leur escarcelle. Le prieur Sburlati en fit venir d'Italie une spacieuse balustrade de marbre rosé ; la balustrade de la Conception en est un dédoublement. On lit sur celle du Rosaire d'un côté :

MAGDAL.^{A} MOSCHETTA
DOMINA
PARS SUP.^{OR}

de l'autre :

PAOLA-M.^{A} MEZZANA
ANCILLA
PARS INF.^{OR}

(1) Né à Alexandrie en 1717 ; devenu veuf, il prit les ordres ; décédé à Ajaccio en 1803.

Une pauvre maîtresse de maison ! une pauvre servante ! leurs noms sur le marbre, dans une cathédrale sous Louis XV ! c'est bien là de cette égalité devant Dieu et de très-bon goût, dont les annales du christianisme sont remplies.

4. LE CORPO DI CRISTO.

La chapelle du Corpo di Cristo ou du Saint-Sacrement est la première de la cathédrale dans l'ordre des constructions. Les regards ne s'y arrêtent que pour son tableau, au bas duquel on lit qu'il fut fait pour la confrérie du Corps de Notre-Seigneur en l'année 1599, le prieur étant Christophe Rossi. L'abbé Fesch, dont le goût s'était développé dans ses recherches artistiques pendant les campagnes d'Italie, ne pouvait, dit-on, en détacher les yeux. C'est un sujet symbolique du sacrifice de la croix : le Rédempteur est debout sur un petit autel, entre l'apôtre qui tient les clefs et l'apôtre armé d'un glaive ; de son côté percé qu'il presse, son sang jaillit et tombe dans un calice. Lorsque Fesch devint cardinal, on se souvint du cas qu'il faisait de ce tableau, et on le lui envoya, avec prière de le faire restaurer. Son Éminence fit subir à cette œuvre, placée trop haut peut-être dans son estime, l'ingénieux procédé de l'enlèvement : la peinture détachée de sa toile dépérie a été reportée sur une toile neuve. Nous avons pourtant lieu de soupçonner qu'on s'est borné à un simple collage des deux toiles. La confrérie du Corpo di Cristo a cessé d'exister. On ne saurait le regretter, quand on pense qu'il y en a encore neuf autres dans la ville épiscopale. Ces confréries, caressées quelquefois par ceux qui recherchent la popularité, n'ont d'existence légale qu'autant qu'on les met sous la main des conseils de fabrique. Au mois de novembre 1842, celle de Saint-Jérôme a fait à San-Carlo des marches d'autel avec des tables de marbre couvertes de sculptures venues d'Alger, que l'on eût dû conserver comme un souvenir du savant médecin principal d'armée Stephanopoli qui les avait envoyées. « Je demande, nous écrivait cet excellent citoyen, en mai 1832, une belle colonne de la mosquée que l'on a détruite pour faire une place d'armes, et qui me paraît propre à être élevée sur la fontaine d'Ajaccio. M. le ministre Sébastiani a transmis ma lettre au ministre de la guerre qui temporise ; mais j'espère de l'obtenir par l'intervention du duc de Rovigo, un ami de vingt ans. » Diverses circonstances étant venues traverser cette affaire, le docteur nous écrivit : « Que voulez-vous? je lis souvent, car j'étudie la langue arabe avec une ardeur qu'on n'a guère à mon âge ; je lis souvent : « نحبّب الحمد ليلة *Tout bien, grâce à Dieu.* » Revenant au Corpo di Cristo, son autel figure le saint sépulcre et renferme un Jésus enseveli. Cette chapelle n'a rien du faire des bons maîtres.

5. NOTRE-DAME DE LA CONCEPTION.

Chapelle toute nouvelle qui occupe le local de celle de Notre-Dame de' Naviganti transférée plus bas. Sa Vierge Immaculée nous est venue du séminaire, plusieurs fois converti en caserne. Vers 1795, sous le pouvoir britannique que l'île dut à ses valeureux enfants de ne pas longtemps subir, elle était gisante dans la poussière au milieu de la soldatesque anglo-corse. Sir North, secrétaire d'État du vice-roi Elliot, sur la demande du chapitre et d'officiers irlandais, la fit porter à la cathédrale comme en un lieu plus convenable. Vingt-cinq ans après, en 1821, on la plaçait à demeure en face de Notre-Dame de Miséricorde, dont elle fait le pendant. Ce marbre a été lavé et même gratté selon un ancien et malheureux usage. Mgr Spinola et son serviteur Hatem, dont nous allons parler, reposent près de la balustrade vers le côté de l'Épître; mais nul signe ne l'indique. On n'a pas su comment le premier fut inhumé en cet endroit, quand sa place était marquée au chœur, la sépulture ordinaire des évêques.

6. NOTRE-DAME DE' NAVIGANTI.

Hatem était Africain de l'une des provinces conquises depuis par nos armes. Il fut pris par les Génois sur un navire barbaresque. Instruit dans la religion catholique, il vint à Ajaccio à la suite de Mgr Frà Spinola. A son baptême on lui donna le nom patronymique de l'évêque et les prénoms de Giuseppe-Maria. Mgr Spinola lui fit enseigner que la foi seule ne sauve pas, ce qu'il comprit parfaitement. Il avait d'ailleurs une leçon vivante de la pratique des bonnes œuvres dans Mgr l'évêque, la source de tout le bien qui se faisait alors à Ajaccio. Voici un trait touchant de mœurs domestiques. Monseigneur écrivit un jour à la marquise sa mère : Maman, je voudrais bâtir un séminaire, me le permettez-vous ? — Oui, mon fils, faites du bien ; vous ne pouvez mieux employer la fortune que vous a laissée votre père et que je vous conserve. Et le séminaire fut bâti. C'est le grand séminaire actuel. Le prélat donnait volontiers à Giuseppe-Maria, qui, s'étant fait un petit trésor, eut la pensée d'élever un autel au Dieu qui, loin des foyers du sol natal et des tentes amies, lui avait donné un si bon maître. Mais, après avoir entendu les ouvriers, et tout supputé, le pieux serviteur de l'évêque s'estima pauvre et se montra chagrin. Frà Spinola releva son courage : Ce qui manquera, dit-il, je le fournirai. La chapelle fut donc érigée dans la cathédrale et convenablement dotée. On la consacra le 9 mars 1716, sous l'invocation de Nostra Signora de' Naviganti. Elle occupe actuellement un local où l'on dressait le saint sépulcre pendant la semaine sainte. Son autel est l'ancien autel de Notre-Dame de Miséricorde de l'église des Jésuites, travail d'un bon sculpteur. Son tableau est l'ancien tableau de la Vierge de' Naviganti, ouvrage de bonne école, supposé de Mgr Spinola lui-même : ce fut plutôt un don de lui. Il a reçu quelques outrages de la main d'un barbouilleur ambulant. On a douté si ce n'était point le vieux tableau du maître autel, attendu que l'on y voit la Vierge, saint Euphrase et une autre figure principale. Nous dirons que non, parce que ce dernier personnage n'est pas saint François-Xavier, mais bien saint Érasme que l'on reconnaît à l'ange tenant une bougie allumée, symbole de ces aigrettes lumineuses qui, sous le nom de feu Saint-Elme, Sant-Eremo ou Saint-Érasme, et selon qu'elles se manifestent au haut ou au bas des mâts, viennent consoler ou attrister les navires quand l'orage s'organise. Produites par le fluide électrique accumulé autour d'une pointe de métal, Lysandre les vit s'attacher à ses trirèmes, comme César aux lances de ses soldats. Dès que ces aigrettes se montrent, les marins d'Ajaccio s'écrient : Voilà le saint. Et alors, sans cesser de s'aider eux-mêmes, ils font mentalement des offrandes de cierges ou de branches de corail aux oratoires. La chapelle de' Naviganti est étroite relativement à celle de vis-à-vis, la façade de la cathédrale n'étant point perpendiculaire à l'axe longitudinal. On y lit cette inscription tout à la fois latine et italienne, à l'orthographe près du mot horrida qui s'écrit en italien orrida :

IN MARE IRRATO
IN HORRIDA PROCELLA
INVOCO TE
NOSTRA BENIGNA STELLA.

Au milieu de la mer courroucée, d'une tempête furieuse, je vous invoque, ô ma bonne étoile.

Telles sont les six chapelles de la cathédrale. On les nommerait plus exactement les six petits autels, car ces chapelles ont très-peu de renfoncement. Nous aurons à parler dans la section suivante d'une septième chapelle formée de l'ancienne sacristie.

Cette sacristie était petite. Alors le diocèse n'avait que treize piéves ou cures cantonales (1), et la Corse en comptait soixante (2). On y entrait par la rue Notre-Dame.

Le clocher s'élève derrière le trône épiscopal. On y arrive d'un côté par la sacristie, et de l'autre en traversant la cathédrale.

SECTION III.

Et nemo poterat introire in templum.
Apoc. xv, 8.

Nul ne se croyait obligé à Ajaccio de réparer la cathédrale dégradée. Il y eut un long procès. Les tribunaux de l'île se prononcèrent contre l'évêque décimateur. L'évêque était Mgr Doria, doué à un très-haut degré de la grande vertu des chrétiens, la charité, qui couvre si bien nos imperfections (3). Mgr Doria fit évoquer

(1) Ajaccio, Appietto, Mezzana, Celavo, Cauro, Ornano, Talavo, Cruscaglia, Vallinco, Veggiano, Tallano, Sartene et Porto-Vecchio.
(2) Soixante-six en 1772 (*Code corse*, t. III, p. 159.
(3) Il faisait dîner les pauvres deux fois la semaine au palais épiscopal.

l'affaire à Paris. Le jugement rendu resta inexécuté, et la cathédrale, interdite dès l'année 1778 par arrêt du conseil supérieur, continuait à ne servir qu'aux inhumations. En 1789, le jour de l'Assomption, le drapeau blanc ayant un nœud de rubans tricolores, fut porté dans la ville pour le faire suivre, et de partout s'élevèrent de grandes clameurs. Entraîné par l'attroupement, le podestat marcha en tête. Une voix : *A la cathédrale!* se fit entendre, et le peuple, dont le naturel est de saisir au bond les mots qu'on lui jette, cria : *A la cathédrale!* Il s'y rendit sur-le-champ. La sainteté du lieu, l'aspect des tombes entr'ouvertes, furent loin de le calmer. Mgr Doria dut survenir. On lui dit : Voyez cette nudité, ce délaissement ; voyez ces ruines. On n'en voulait plus, et, dans l'état d'exaspération où étaient arrivés les esprits, on fit des ruines nouvelles en abattant les deux colonnes de marbre qui dessinaient l'entrée du chœur, ce qui accrut le tumulte. Il y eut un moment solennel. L'évêque, assis sur une chaise en fer, que nous avons vue à la sacristie, ne fut point libre ; le glas funèbre sonnait. Ce fut une scène de l'évêque de Liége dans Quentin Durward, aux résultats funestes près, car ici le tumulte s'apaisa progressivement, grâce à l'heureuse diversion que firent des gens de bien en se prosternant aux pieds de la Madone de Miséricorde subitement illuminée, et grâce au calme et à la sagesse de Mgr Doria qui promit de mettre la cathédrale en bon état. L'orage s'était amoncelé depuis tant d'années, que la ville entière attribua à la Vierge miséricordieuse cette fin inespérée. On chanta le *Te Deum* à son autel (1). Le peuple s'est donné bien du mal depuis 89 ; mais il faut reconnaître que cette fois il s'était soulevé véritablement par impatience de souffrir. Dès ce moment il y eut entraînement général ; l'entrepreneur seul ne fut pas vu sous l'influence de l'ardeur commune. Sept mois après la quasi-innocente émeute, la cathédrale, douze ans fermée, put être rendue au culte, ce qui eut lieu le jour de la fête de la Miséricorde, 18 mars 1790 (2). Le pavé de l'église fut refait à neuf en carreaux de marbre (3). On exécuta ce travail dans le malheureux esprit d'innovation qui com-

---

(1) Le P. Rossi, p. 80 et suiv.
(2) Reg. du prieur J.-E. Baciocchi.
(3) Le P. Rossi, p. 82.

mençait à dominer et que l'évêque ne dut pouvoir contenir : les nombreuses épitaphes qui tapissaient le sol disparurent pour la plupart, brisées ou employées comme simples matériaux.

La révolution marchait. On voit encore sur la façade de la cathédrale l'écusson mutilé de Mgr Giustiniani. L'intérieur ne fut pas épargné. Mais un demi-siècle y a déjà étendu un voile qu'il ne serait pas sage de trop soulever. Un antiphonier bardé de plaques métalliques jaunes, aux clous taillés en diamant, nous ayant été montré à la sacristie : — Pour ce livre-ci, nous sommes-nous dit, il durera des siècles. Eh bien, cet antiphonier gothique, écrit à la main sur parchemin et orné de majuscules coloriées, avait été dépouillé de plusieurs de ses belles feuilles, employées à faire des sachets à *erba corsa*, une nicotiane, ce que l'on attribue à des clercs, peut-être pour peindre d'un trait la faiblesse même des forts dans les mauvais temps.

Il faut parler en passant du plus grand brandon qui ait été jamais lancé dans le pays, la célèbre constitution civile du clergé. Mgr de Verclos, évêque de Mariana, fut enlevé et on l'embarqua pour l'Italie. Les autres évêques de l'île (1) quittèrent leurs siéges. Au mois de mai 1791, eut lieu à Bastia, dont la garnison avait été renforcée, l'élection de l'évêque constitutionnel. On trouva dans l'urne trois sortes de bulletins : plusieurs en blanc, une trentaine où était écrit le nom du prince des ténèbres, les autres désignaient le chanoine Ignace-François Guasco, vicaire général de Mgr de Verclos, homme âgé et exemplaire, qui fut proclamé évêque au grand mécontentement de l'entière population. Cela se passait dans l'église de Sainte-Marie, la cathédrale de Mariana. Le 5 juin suivant, les habitants de Bastia, hommes et femmes, profitant de l'absence du général Paoli, qui s'était rendu à Ajaccio « pour y ranimer l'esprit de la révolution » (2), protestèrent, dans l'église de

---

(1) Nosseigneurs de Guernes, évêque d'Aleria; Santini, évêque de Nebbio; Matteo Guasco, évêque de Sagone, et Doria, évêque d'Ajaccio.

(2) Nous avons ce fait curieux écrit de la propre main du député abbé Andrei. La révolution eut quelque peine à prendre pied en Corse. On a dit : La conduite du clergé de l'île fut belle, celle du peuple encore meilleure. Combien on a calomnié ce pays ! Il aime essentiellement la paix et une bonne administration de la justice. Louis XVI le faisait jouir de ces deux grands bienfaits. Voilà pourquoi le pays ne voulait pas de la révolution les premières années.

Saint-Jean, contre cette loi, par laquelle la seule autorité temporelle réglementait le pouvoir spirituel. Ensuite ils firent une procession générale où plusieurs se montrèrent nu-pieds, la corde au cou et avec d'autres signes extérieurs de pénitence : on mêlait alternativement aux chants sacrés le cri de : *Vive notre sainte religion.* Le directoire du département se dispersa. L'un de ses secrétaires, agitateur renommé, fut saisi et transporté sur les côtes d'Italie pour son impiété manifeste (1). Le procureur général syndic parlait d'or, mais il fallait le voir faire ! On fut le jeter comme l'exalté secrétaire sur un rivage étranger. Dans les autres parties de l'île, le peuple, qui aimait Paoli, se plaignait tendrement de lui à lui-même ; il chantait :

> O de Paoli, tu nun senti
> Cio ch' ha fattu la Bastia ?
> Chi lu to dipartimentu
> Ella l'ha mandatu via ;
> Dicini chi tu hai postu
> In Corsica l'eresia.
> O Pasquale ! tu ci leva
> Da cutanta malavia. . . (2).

Pascal Paoli ordonna *una marcia*, une marche de paysans ; c'était un de ses moyens de répression de la première époque de sa vie politique : il faisait fondre sur le pays qui avait encouru son déplaisir, une ou deux piéves en masse. Les effets de cette avalanche d'hommes n'étaient pas très-dissemblables de ce qu'on raconte des *razzia* africaines. A Bastia, les choses se passèrent un peu mieux. Tout homme qui entrait dans cette ville était nourri par ses ordres pendant trois jours aux frais des habitants ; c'est ce que les montagnards nomment encore la Cocagne. L'on fit des prisonniers, transférés au château de Corte. La Convention envoya sur les lieux Monestier et Andrei, les membres les plus exorables de cette terrible assemblée. Andrei, né dans l'île (3), l'avait quittée à la mort de Matra, le compétiteur de Paoli, tué en 1757. Il y repa-

---

(1) C'était un jeune Florentin du beau nom de Buonarotti.
(2) « O de Paoli, connais-tu ce qu'a fait Bastia ? Elle a chassé ton département, et l'on dit que tu as introduit l'hérésie. O Pascal, sors-nous d'un état si fâcheux. »
(3) Né en 1733, décédé curé de Moita en 1815.

raissait pour la première fois après trente-cinq ans d'absence. A Padoue, élève le plus studieux de l'université, il avait dit : « Je passais en Corse pour avoir quelque talent; je ne savais rien. » On se racontait comment à Londres George III et la reine avaient voulu l'entendre. On se disait ses succès dans les lettres à Paris, et sa noble conduite lors du procès du roi martyr. Lui et son collègue se mirent vite à la besogne, parce que la Corse souffrait de la situation que les événements lui avaient faite. Les prisonniers de Corte furent relâchés. Quant au clergé, Andrei, le Corse sans contredit le plus éclairé de son temps, Andrei qui était prêtre, dit : « Je ferai un appel à ses propres lumières. » Vingt-deux curés de grandes paroisses venaient de rétracter leur serment. Il les réunit. Ancien condisciple de plusieurs, ami de quelques autres, connu de tous comme digne de la confiance des gens de bien, on n'était point en garde contre lui. Il parvint à leur inculquer que la loi nouvelle n'était un empiétement ni sur la doctrine ecclésiastique, ni sur l'autorité papale, et les conjura de donner l'exemple de la soumission aux puissances. — Mais que faire au point où nous sommes arrivés? — Se rétracter. — Quoi ! nous rétracter de notre rétractation ? — Oui ; c'est une contre-rétractation que vous ferez. Il la rédigea; ils la signèrent. Mais l'abbé Andrei parti, les scrupules revinrent. Nulle part peut-être on ne résista mieux à l'invasion des nouveautés. Voici ce qu'écrivait l'évêque constitutionnel :

« Ajaccio, 5 mars 1792, l'an 2 de la république.

« ... Ici, par le long séjour de la flotte destinée à l'entreprise de la Sardaigne, tout est à un prix tellement excessif, que je suis obligé pour vivre, de mettre en gage pièce à pièce le peu d'argenterie que je possède. Mais il est un plus grand sujet de chagrin pour moi ; je suis regardé comme un détestable schismatique par ces prêtres fanatiques et obstinés qui ne m'ont jamais visité ni salué ; les séculiers et les femmes me traitent de même, à l'exception du menu peuple. On s'abstient jusqu'à ne pas aller à la cathédrale, parce que nous la fréquentons, moi et mon conseil, et que le curé a juré...

« Votre affectionné ami,

« † J.-F. GUASCO, *évêque du département.* »

En Balagne comme à Ajaccio et à Bastia, dans toute la Corse, on fit voir la même résolution de ne pas le reconnaître ; ses douze vicaires, hommes de mérite d'ailleurs (1), furent également repoussés. Les dispenses et autres actes de l'épiscopat étaient réclamés des vicaires apostoliques que Rome entretenait dans les diverses localités. C'étaient pour Ajaccio, l'abbé Casamarte, d'Ajaccio, vicaire général de Mgr Doria; pour Sagone, le chanoine Rocca, de Vico; pour Nebbio, l'abbé Bonelli, de Santo-Pietro, vicaire général de Mgr Santini; pour Mariana, l'abbé Olmeta, de Bastia, vicaire général de Mgr de Verclos, et pour Aleria, le chanoine Felce, de Felce d'Alesani. On se disait leurs noms à l'oreille. Eux et les seuls prêtres persécutés, ou dont la foi passait pour s'être conservée pure, avaient autorité et crédit sur le peuple. Un moine faisait cette invocation en chaire :

O Maria degl' occhi arcesi
Fa morir i manganzesi !

O Vierge aux yeux flamboyants, délivre-nous des hérésiarques !

Puis vinrent de meilleurs jours. Notre-Dame d'Ajaccio fut déclarée la cathédrale des cinq diocèses de l'île de Corse réunis en un seul. Le nouveau diocèse comprit aussi les îles de Capraja (2) et d'Elbe (3) à titre de possessions françaises, et la principauté de Piombino, attendu que l'empereur voulait que les États qui relevaient de sa couronne fussent soumis, dans l'ordre ecclésiastique,

(1) L'archidiacre Fesch, d'Ajaccio, depuis cardinal; l'archiprêtre Forcioli *, d'Ajaccio; le chanoine Multedo, de Vico, depuis député à la convention nationale; don Jerome Chiappe, de Sartene; Arrighi, de Corte, depuis évêque d'Acqui; Antoni, de Tarrano, depuis desservant de Piazzole; Ferrandi, de Pietra; Buonaccorsi, de Calenzana; Ciavatti, de Porta, depuis vicaire général de Mgr Sebastiani; Monti, pievan de Lama; l'archiprêtre Benedettini, de Casacconi; le chanoine Biadelli, de Bastia.

(2) Conquise par les armes des Corses, et devenue française dès le règne de Louis XV, elle ressortissait, avant le concordat, au diocèse de Brugnato.

(3) Conquise par les armes de la république, un arrêté des consuls en régla l'administration confiée au baron Galeazzini, qui correspondait, comme les préfets, avec les ministres, et dont la longue carrière fut marquée par les plus utiles services. Avant le concordat, l'île d'Elbe ressortissait partie au diocèse de Massa, et partie au diocèse de Grossetto.

* Le soir, s'il pressentait que quelque malade aurait besoin de ses consolations pendant la nuit, il prenait du repos à la sacristie, enveloppé dans le drap mortuaire, jusqu'à ce qu'on vînt le chercher.

à des supérieurs français, comme ils étaient placés sous la sujétion de grands feudataires français (1). Ajaccio eut alors pour évêque le piévan Louis Sébastiani, titulaire de la riche cure de Tavagna, obtenue au concours sur des compositions jugées à Rome, l'homme le plus doux du monde, rentré de l'émigration pour conduire, après de si longs troubles, un des troupeaux les moins dociles. Mais ce vaste diocèse, qui s'étendait au delà de l'ancien royaume de Corse, dut se contenter de sa petite cathédrale. Cependant, en 1811, la princesse Élisa envoya de Lucques le magnifique maître-autel. On dut prendre sur les caveaux du chœur pour asseoir ce maître-autel; ce qui en resta fut comblé. Le tabernacle descendit aux fonts baptismaux. Madame Mère fit remettre à la fabrique deux cents napoléons d'or, employés à l'acquittement des frais faits pour substituer dans la cathédrale l'autel adossé qu'envoyait la grande-duchesse à l'autel isolé que l'on devait à Mgr Giustiniani. Élisa s'était réservé pour sa galerie le tableau qui faisait partie du maître-autel de Lucques; on fit faire plus tard celui qui se voit actuellement à la cathédrale. C'est la Vierge montant aux cieux, événement auquel l'artiste fait assister des personnages qui ont le double défaut de n'être point contemporains et d'avoir les poses gênées. La fabrique a essayé de remplacer une toile aussi médiocre; à quoi jusqu'à présent elle n'a pu parvenir. Le ministre ferait un noble emploi de sa haute tutelle en ordonnant de l'ôter de là; mais la place du tableau ne pourrait rester vide.

Les fresques datent d'un peu plus de vingt ans. Celles de la coupole, plus récentes, et celles du chœur sont bien mauvaises. Toutes ces peintures, vues dans leur ensemble, manquent d'harmonie entre elles.

L'on a comblé les caveaux des trois nefs sous la préfecture du conseiller d'État comte de Vignolle, selon l'esprit du décret sur les cimetières du 25 prairial an XII. Satisfait qu'aussitôt après la manifestation de ses intentions, l'on eût surmonté les répugnances, M. de Vignolle (2) ne tint pas que l'on fît le comblement avec rigueur.

(1) Portalis, *Lettre du 5 avril 1806 à Mgr Sebastiani*.
(2) Voici un éloge *post anno*, c'est-à-dire de quelque prix : « Votre prédécesseur, disait le vénérable conseiller à la cour royale, Olivetti, ancien secrétaire général du Liamone, ancien préfet de Trasimène, président du conseil général, à M. Eymard,

On peut dire que les caveaux n'ont point cessé d'exister. Ils existent pour le temps où l'article 73 du décret du 30 décembre 1809 pourra être entendu d'une manière moins restrictive (1). Les arts y gagneraient ainsi que la maison de prière qui reprendrait ce caractère sacré qu'imprime la tombe.

La sacristie actuelle a été construite quelques années après, et ici nous avons à rappeler le souvenir d'un autre préfet de la restauration, M. de Lantivy, ancien page de l'empereur, aujourd'hui consul de France à Jérusalem, un de ceux qui sentirent le mieux combien il faut être ménager du temps en Corse. Les affaires que les besoins du pays lui faisaient entreprendre, il les conduisait toutes à travers les difficultés, quand il n'avait pas dû les tourner, droit et sans biaiser. Le conseil de la fabrique avait délibéré de donner à la cathédrale une nouvelle sacristie. Le comte de Lantivy, instruit que le ministre avait rejeté une demande de fonds en faisant espérer une allocation sur un futur budget, et sachant que l'évêque et le corps fabricien s'étaient déjà créé quelques ressources, mais qu'ils avaient encore besoin de sept mille francs, écrivit au payeur de département pour l'inviter à faire l'avance de cette somme, « dont vous vous rembourserez sur mon traitement personnel, lui dit-il, si, dans un court délai, le ministre ne nous l'a pas accordée. » Moyennant cette avance que remboursa M. de Frayssinous, les travaux furent sur-le-champ commencés, et le clergé tarda peu à jouir de cette sacristie, jugée fort belle par ceux qui ont vu les belles sacristies d'Italie. L'ancienne, trop petite, forme maintenant une chapelle dont l'autel ne saurait être conservé. On y voit un saint Philippe Néri, envoyé par Mgr Peraldi, d'Ajaccio, chanoine de Saint-Jean de Latran.

---

dans la session de 1820, votre prédécesseur, le général Vignolle, a jeté les bases de la prospérité du département; ce que vous pensez, ce que vous dites à son égard est vivement partagé par le conseil et par les Corses, qui se souviendront toujours avec attendrissement et reconnaissance de ce vertueux et habile administrateur. »

(1) Carl' Andrea Pozzo di Borgo, né à Alata le 8 mars 1764, aurait voulu avoir son tombeau dans la cathédrale. Il nous semble qu'on pourrait l'y élever sans nul inconvénient, du jour où, selon le vœu de la loi *, le décès de l'illustre diplomate daterait de cinq ans.

* Art. 6 et 8 du décret de l'an XII.

Au mois de février 1843, il a été apporté une grande amélioration dans la cathédrale. Les bancs des particuliers, au nombre de vingt-quatre, en rétrécissaient disgracieusement le vaisseau, déjà bien exigu. Ces bancs, dont les premières concessions remontaient à 1815, ont été retirés par leurs propriétaires. L'église en est infiniment mieux. Mais si le gouvernement ne daigne intervenir, quoi que puisse faire l'autorité locale, cette cathédrale d'un peuple nombreux et tout catholique sera toujours insuffisante. C'est une expérience faite après même l'enlèvement des bancs, pendant les prédications des Pères Mélia et Altieri, noms chers à la ville d'Ajaccio, où ces dignes ecclésiastiques ont fait tant de bien.

CHAPITRE III.

MONUMENTS FUNÈBRES.

Des chants, des larmes et des fleurs.
BÉRANGER.

La cathédrale avait des caveaux funéraires. Au chœur, en avant de l'autel, étaient les tombes des évêques ; derrière, s'ouvraient celles des prêtres, fermées avec un marbre dont un fragment se retrouve aux marches de l'autel de' Naviganti. Les épitaphes diverses qui marquaient les sépultures des premières familles occupaient la grande nef ; quelques autres se voyaient aussi dans les nefs latérales. Le peuple s'emparait de la vie de ces morts de qualité et en faisait le sujet des enseignements domestiques. Lui-même, quand son tour était venu, allait se reposer de ses travaux dans la fosse commune dont la bouche s'ouvrait au fond de l'église. Là aussi il était en majorité, et on le rangeait avec une longue perche toutes les fois qu'il devenait nécessaire d'aller notifier à ces tristes restes de faire place. Enfin quelques épitaphes se lisaient dressées contre les murs.

En face du trône épiscopal, un marbre scellé dans le mur nous conserve la mémoire de Mgr Guidiccioni, l'évêque *di gran bonta e prudenza* (1), mort, dit Filippini (2), pour avoir mangé des artichauts avec leurs écailles un jour de fièvre catarrheuse :

D. O. M
CHRISTOPHORO GVIDICCIONIO PATRICIO LVCEN. ADJACEN. EPISCOPO
EXIMIA ERGA DEVM PIETATE ERGA OMNES HVMANITATE SINGVLARI

(1) *Vita di G. Giustin.*, p. 29.
(2) Tom. V, p. 430.

GENERIS SPLENDORE MORVM SVAVITATE MVLTIPLICIQ. DOCTRINA INSIGNI
SERENISS. SENATVS DECRETO
VIX. ANNOS XLVI OBIIT ANNO A NAT. MDLXXXII.

A Christophe Guidiccioni,
Patrice de Lucques, évêque d'Ajaccio.
Il accomplit les deux grands préceptes :
L'amour de Dieu et du prochain.
D'une race illustre, ses mœurs douces et son profond savoir
Ne le distinguèrent pas moins.
Décédé en 1582, il vécut 46 ans.
Cet humble monument
Fut élevé
Par décret du sérénissime sénat.

Mgr Guidiccioni, l'ami des Français, comme ses armoiries le faisaient bien voir, disait-on, fut cru le partisan de la France par l'autorité génoise elle-même (1), assez grande pour rendre cet hommage public à ses vertus dans la cathédrale, construite dix ans après sa mort. On conjecture que les Guidiccioni avaient servi en Italie sous Louis XII et François Ier.

Au lieu où était la sépulture des évêques, on lit cette épitaphe :

D. O. M.
JACET HIC BEATA SOPITVS QUIETE
JVLIVS JVSTINIANVS
JACENTEM DISCERNIT A MORTVIS INCORRVPTVM CORPVS
QVEM DVM VIXIT A VIVIS DISCREVIT INTEGRA VITA
MORS ET SI CÆCA DIGNOSCIT PROBOS
PIIS SVBSCRIBIT NON DELET
SIXTVS V ADJACIJ FIRMAVIT EPISCOPVM
SED PVRPVRAM MERVIT VIRTVTIBVS EMINENTISSIMVS
HIS QVIA MVLTIS NON VNA VOX FVIT SATIS
ACCLAMANTIBVS PATREM PAVPERIBVS
PATRONVM CLERO
ET PRINCIPIBVS ORACVLVM SIMVL ET MAGISTRIS
LIBVRNI
MILITANTIS ECCLESIÆ SEDEM NAVI DVM PETERET
SPIRITVS APPETENTIS AD TRIVMPHANTEM DIVERTIT
FRATRES MARTYRES

---

(1) *Filippini*, t. V, p. 403.

CHAPITRE III.

QVOS SIBI QVONDAM BARBARVS EXTORSIT CHALYPS
IN CELVM SED ALIA VIA SECUTI
ANNO DOMINI MDCXVI
ÆTATIS SVÆ LXXIII
DIE XVIII APRILIS
DIRVTVM LAPIDEM ÆDITVI RESTITVERE ANNO MDCCCXLIII.

Ci gît plongé dans un heureux repos
Jules Giustiniani.
Dans la tombe son corps, toujours intact, le distingue des morts,
Comme dans le monde l'intégrité de sa vie le distingua des vivants.
La mort, quoique aveugle, discerne les hommes de bien;
Elle conserve le souvenir de la piété, loin de le détruire.
Sixte V le nomma évêque d'Ajaccio,
Mais il avait mérité la pourpre par l'éminence de ses vertus.
Ce ne fut pas assez d'une voix pour les dire toutes :
Les pauvres l'appelaient leur père,
Le clergé son protecteur,
Les princes et les docteurs leur oracle.
A Livourne,
Pendant qu'il gagnait sur un navire le siège de l'église militante,
Son esprit, plein de célestes désirs, se détourna vers l'église triomphante,
Allant retrouver ainsi dans le ciel, mais par une autre voie,
Des frères martyrs
Que le fer des barbares lui avait autrefois enlevés (1).
L'an du Seigneur 1616,
Et de son âge le soixante-treizième,
Le 18 avril.
Détruite, les fabriciens la rétablirent en 1843.

Son gouvernement tendait à la réforme des vieilles mœurs, à l'extirpation des « licencieuses habitudes (2), » ce que le saint-siége (3) avait recommandé aux évêques de Corse. Il se fit quelques ennemis, contenus par le spectacle de sa vie, quand une occasion se présenta, dont ils profitèrent pour se déclarer. Un criminel que l'on conduisait au supplice, passant près de la cathédrale, obtient à ce moment suprême de s'y recueillir. Arrivé au

---

(1) Soliman II s'étant emparé, en 1566, de Scio, fief des Giustiniani, avait commandé qu'on les élevât dans l'islamisme au sérail impérial. Notre Jules devin libre avec ses père et mère sur la demande qu'en fit Charles IX à la prière du pape
(2) *Vita di G. Giustin.*, p. 86.
(3) Pie V...

pied des autels, il s'écrie que la justice des hommes ne pouvait plus rien sur lui. On l'en arrache de force et nonobstant l'absence de tout membre du clergé. L'évêque excommunia ceux qui avaient violé le sanctuaire sans nulle considération pour ses immunités, et écrivit au pape : Aurais-je pu ne pas être sévère? Il me reste un devoir plus doux à remplir, c'est de supplier Votre Sainteté de juger qu'il y a eu réparation suffisante. Cependant le peuple fut travaillé et agité (1). Le pape et Gênes surent la vérité. La république crut sage toutefois d'engager le prélat à quitter quelque temps son diocèse. Parti pour Rome où régnait Borghèse (Paul V), son ancien condisciple, il mourut en chemin à Livourne, de la pierre, de fatigue et d'angoisse. Ceux qui l'avaient fait éloigner d'une église qu'il conduisait depuis vingt-neuf ans, expédièrent quelques années après un navire pour aller réclamer ses dépouilles mortelles. Comptant de n'avoir à recueillir qu'ossements et cendres, on s'était pourvu d'une bière un peu petite. Le corps, que les marins trouvèrent frais et « exhalant un parfum du paradis (2), » ne put y entrer. Alors, émus de la crainte que le peuple de Livourne ne se ravisât, ils dirent qu'il fallait se hâter, et l'un d'eux saisissant une hache du bord, sépara la tête du tronc (3). L'obstacle ainsi levé, les Ajacciens s'élancèrent sur le navire qui aborda peu après à Ajaccio. Les treize pièves du diocèse célébrèrent de magnifiques funérailles (4). Le peuple donna à l'évêque qu'il pleurait le nom de beato Giulio, qui lui est resté. Filippini a dit de lui : « Très-saint homme, d'une grande piété, d'une rigoureuse et impartiale justice; il est beaucoup aimé de ses diocésains (5), » qui un jour le chassèrent, et plus tard le béatifièrent.

L'épitaphe de Mgr Giustiniani étant disparue lorsqu'on posa les fondements du maître-autel donné par la princesse Élisa, on ne voulut point laisser sans signe remémoratif des dépouilles si vénérées. Alors on grava au-dessus ces simples mots :

(1) *Vita di G. Giustin.*, p. 86.
(2) Le P. Lucci, *I riflessi*, etc. Roma, 1667, p. 192.
(3) *Vita di G. Giustin.*, p. 98 et 193.
(4) *Relatione del sontuoso funerale*, etc. Ancona, 1621.
(5) Tom. V, p. 452.

CHAPITRE III.

OSSA
JVLII JVSTINIANI
EPISC. ADJAC.

Par les soins de la fabrique ils ont fait place à l'ancienne épitaphe que Mgr Carlo-Fabrizio Giustiniani, évêque de Mariana et Accia, avait conservée (1).

Une autre épitaphe existe entre les chapelles du Corpo di Cristo et de la Conception. C'est celle d'un homme d'armes descendu de Bastelica, villeggiatura corse que des voyageurs ont appelée un beau reflet de canton suisse. La voici :

D. O. M.
JACET HIC NON TACET
TACET ET VIVIT
PETRVS BASTELICA MARIANI
QVI VT DIVTIVS VIVERET
SE EXINANIVIT SVBSTANTIA
TRANSFVSA NEMPE IN FILIOS QVOD NON GENVIT
TRES CAPITVLO CANONICOS AVXIT
DIVINA CHORI IN DIEM AGERENT
QVINQVIES PRO FVNDATORE IN HÆBDOMADA SACRIFICARENT
PERPETVI JVRIS PATRONATVS INSTITVTIONE
SIC LIBERIS NON EXTANTIBVS
STETIT PIETAS PRO NATVRA
MIRABILIQ. ANTINOMIA
ALIOS ILLE ADOPTAT ET ADOPTATVR
IMO SE SIBI ADOPTAT ABDICANDO
DOCENTE MAGISTRO SPIRITV
IN SVAMET SVCCEDERE POST MORTEM POSSE
DECESSIT SEPTVAGENNARIVS ANNO 1657
DISCE LECTOR ARTEM
ÆTERNITATIS.

Ci gît et toujours vit
Pierre Bastelica-Mariana (2).
Le silence est sur ses lèvres, la parole dans ses œuvres.
Pour prolonger sa mémoire,

(1) *Vita di G. Giustin.*, p. 135.
(2) Filippini (t. V, p. 439) fait mention d'un *Mariano da Bastelica.*

*Il transmit sa fortune
A des enfants qu'il n'avait pas engendrés,
Augmentant le chapitre de trois chanoines
Chargés d'assister chaque jour aux offices du chœur,
Et de célébrer, cinq fois par semaine, en sa mémoire, le divin sacrifice.
Ainsi, n'ayant pas d'enfants,
La charité suppléa à la nature,
Et, par une heureuse contradiction,
Adoptant, il est adopté ;
Bien plus, dans son abnégation, il s'adopte lui-même,
Selon cette loi du Saint-Esprit :
Que l'on peut succéder à son propre héritage
Après sa mort.
Il décéda septuagénaire l'an* MDCLVII.
Apprends à travailler, lecteur, pour l'éternité.

Cette épitaphe était dans le mur avant les fresques faites il y a un quart de siècle à peine, et l'on dit que là aussi se trouvait *il deposito*, la dernière couche, du capitaine Bastelica. Il y a de la foi dans le mot corse, plus heureux que notre mot tombeau. Deposito, dépôt, Qui doit rendre ce qu'il a reçu. C'est tout le dogme de la résurrection de la chair.

Encore deux autres inscriptions. L'une, de Dominique Centurione-Cantello, neveu de Mgr Centurione, est au petit sanctuaire de Notre-Dame du Rosaire ; l'autre, de Jean Doria, père de Mgr Doria, est au petit sanctuaire de Notre-Dame de la Conception. Elles furent votées par les évêques eux-mêmes. Les marbres qui les contiennent (l'un d'eux porte le nom de *monumentum perenne*) ne sont pas à leurs places primitives.

Tels sont les rares monuments funèbres de la cathédrale. Il existe quelque part où il a été transporté et où nous l'avons vu, un marbre armorié figurant au milieu un ceinturon, la pièce parlante de l'écu des Centurione de Gênes, avec cette devise italienne : *Dio ti vede*, qui paraît être une interpolation. Nous pensons qu'il signalait dans l'église les restes de Mgr Bernardin Centurione, évêque d'Ajaccio, mort au commencement de la seconde moitié du dix-huitième siècle. Ce marbre a été mis avec beaucoup d'empressement à notre disposition par Mme Clémenti. Mgr Centurione laissa à la cathédrale un ornement pontifical en drap d'or qui porte ses armes. On remarque sur l'un des grands bénitiers de marbre blanc les mêmes armes, que le frottement tend à effacer.

Au sanctuaire du maître-autel, au portail, ailleurs aussi dans la cathédrale, se trouvent d'autres marbres qui formaient les tombes détruites en 1790 et 1811. A cette dernière époque, l'église s'enrichit du grand autel de Lucques ; mais le chœur perdit son tabernable, sa double crypte, et, ce qui est plus à regretter, les dalles tumulaires des évêques. Le mal toujours, dans ce monde, est à côté du bien !

Une ordonnance du roi, sollicitée par l'évêque actuel, autorise la translation dans les caveaux de la cathédrale d'Ajaccio, des cendres de Mgr Sébastiani della Porta, né à la Porta d'Ampugnani, le 14 mars 1745, sacré évêque le 24 juin 1802, décédé dans son palais épiscopal, le 9 décembre 1831. Au lieu d'une simple épitaphe le maréchal Sébastiani et le lieutenant général Sébastiani, ses neveux, devraient lui élever un monument modeste, comme il convient à la mémoire de celui qui fut la modestie même, et comme semble le demander l'exiguïté du local, mais d'un ciseau habile, digne du mort, des survivants et du lieu. Mgr Sébastiani ne cachait pas tellement sa vie, que quelques beaux traits de cette vie si bien remplie ne soient venus jusqu'à nous. Le général Morand voyant un jour l'évêque d'Ajaccio partir pour le Talavo et le Fiumorbo, lui dit : C'est trop de charité ; vous savez quels hommes dominent dans ces malheureux cantons, et les passages, du reste, ne sont pas précisément libres. Que je joigne du moins quelques soldats à votre pacifique cortége. Mgr Sébastiani, qui avait ce que l'on nomme le courage civil, répondit en touchant sa croix pectorale : Elle me suffit.

CHAPITRE IV.

OBJETS D'ART.

> Il fallait que l'art, l'art poussé au dernier degré de perfection, l'art entièrement libre dans ses abondantes inspirations, vint donner à ces matières le prix qui leur manquait.
> SCHMIT, *les Églises gothiques.*

Mgr Giustiniani fit tout ce que le zèle pour la maison du Seigneur, le désintéressement personnel, l'esprit de science et de piété peuvent inspirer, comme on en jugera tout à l'heure. Nous ferons voir ensuite ce que l'on doit à la famille de la rue Malerba d'Ajaccio (1), qui se distribua tout d'un coup entre tant de trônes. Enfin nous dirons en quoi le trésor de la cathédrale a été tout récemment enrichi.

Nommé évêque d'Ajaccio, en 1587, Jules Giustiniani acheva la construction commencée de la cathédrale. Une foule d'autres sollicitudes vinrent l'assiéger. Il dut faire venir d'Italie le tabernacle du maître-autel regardé au seizième siècle comme un ouvrage de prix (2). On y voit un grand nombre de figures diverses. Deux chérubins qui en ornaient les côtés ont disparu. Selon une croyance pieuse, ils se seraient retirés dans le ciel, à cette période où il n'était plus de respect pour les choses saintes. On n'aimait pas naguère à la cathédrale la couleur de feuille morte que le marbre de ce tabernacle doit au temps et qui est loin de le déparer, et l'on avait soin de la faire enlever, un peu chaque fois, ne s'apercevant pas qu'on n'enlevait que le beau fini des sculptures.

---

(1) Devenue rue Saint-Charles. On eût dû peut-être essayer d'apaiser la soif des changements en la nommant Malherbe ou Malesherbes.
(2) *Vita di G. Giustin.*, p. 37.

Mgr Giustiniani fit venir aussi d'Italie l'orgue qu'on juge, après deux siècles et demi, avoir été excellent. Il donna une riche argenterie, consistant en lampes, encensoirs, chandeliers, bassins, croix, calices (1). Deux des chandeliers ayant de belles ciselures existent toujours; on les reconnaît aux armes de l'évêque qui y sont gravées: ces armes portent un château sur lequel plane une aigle éployée (2). La cathédrale possède encore une grande croix d'argent ornée des évangélistes de haut relief et d'un travail soigné, la branche inférieure de cette croix, reste de la crosse du saint prélat, a les mêmes armoiries. Vers le haut de la crosse étaient quatre petites niches garnies d'autant de jolies statuettes; on raconte que cette partie renflée du bâton pastoral, qui lui donne de loin l'air d'une quenouille, faisait dire aux femmes dans les solennités: *Ecco il santo con la sua rocca* (Voilà l'évêque avec sa quenouille). Les statuettes, ouvrage précieux du siècle des Médicis, n'existent plus depuis vingt ans : on les a fondues! Tandis que Mgr Giustiniani allait vêtu de peaux grossières à la manière du grand précurseur, il voulait pour le culte des ornements de brocart d'or et d'argent (3). Le prélat, auteur de sa vie dédiée à Alexandre VII, dit que ce qu'il y avait de beau et de riche à la cathédrale d'Ajaccio était montré comme venant de lui (4).

Mgr Jules Giustiniani avait toutes les qualités du *pastor bonus*. Dans une de ces disettes dont la Corse souffrait autrefois qu'elle était pleine de troubles et que les Lucquois ne passaient pas la mer pour venir travailler les terres avec leur grande bêche *à la pointe d'or* (5), il nourrit plusieurs mois jusqu'à quatre cents personnes.

(1) *Vita di G. Giustin.*, p. 38.
(2) *Id.*, p. 105 et 113.
(3) *Id.*, p. 42 et 44.
(4) *Id.*, p. 39.
(5) C'est ainsi que l'a nommée à très-bon droit le juge de paix d'Ajaccio, fondateur de hameaux aux plages sur ses riches propriétés. Voici un trait de cet homme estimable. Un orage frappe, en 1830, un père de famille qui cherche à recueillir quelques tristes débris. M. Michel Pinelli fut le trouver, et lui dit : Je viens mettre à votre disposition mes services et ma bourse *.

* Ceci rappelle ce que fit le conseiller à la cour royale Olivetti, lors de la première suppression des secrétaires généraux. M. Pinelli de la Soccia, qui se trouvait sans emploi, le vit arriver chez lui : « Je sais, mon ami, lui dit le digne conseiller Olivetti, que vous ne faisiez pas des économies ; je n'en fais pas non plus, mais j'avais pourtant ce sac que je vous apporte (1000 fr.) »

Le saint évêque ne faisait qu'une visite en deux ans, et c'était quand l'envoyé de Gênes arrivait à Ajaccio ; encore ne la faisait-il que par son vicaire général, qui avait ordre de demander au nouveau commissaire départi, en quoi l'évêque pouvait l'obliger et le servir. Mais il allait lui-même recherchant ceux qui tombaient dans l'infortune (1). Mgr Giustiniani s'informait aussi des jeunes filles sans dot qu'il mariait, ce qu'un contemporain exprime en ces termes : *Poneva sicuro le virginelle pericolanti* (2). Le palais épiscopal (3) se réduisait, pour lui, à une chambre avec alcôve, donnant sur le golfe, où il avait un des plus beaux spectacles de la création, et qui, par intervalles, lui offrait dans les flots soulevés l'image de cette vie si agitée ; vrai pied-à-terre du chrétien et du sage, c'était l'hôtellerie des pèlerins qui y arrivaient de toutes parts, et la maison d'où chacun sortait consolé. Nous avons déjà dit ce qu'il fit pour la cathédrale. On se demandait quels étaient les trésors où il puisait. Le diocèse ne rendait que mille ducats, somme qui maintenant, à la vérité, en aurait valu trois mille (4). Sa principale ressource était dans la Providence ; ce n'est que par ses prodiges, et l'on en citait (5), qu'il pouvait faire tant de choses. Ce qui leur donnait encore plus de prix, c'est qu'il les faisait, ces choses-là, malgré des obstacles toujours renaissants. Il avait écrit un dictionnaire polyglotte dont les feuilles furent dispersées lors de son décès. Tout cela, Mgr Giustiniani le couvrait de modestie et de son habit à la saint Jean-Baptiste.

Il faut nommer ici le tableau de la chapelle du Corpo di Cristo et les Stigmates de saint François, toile assez bonne, mais bien dégradée.

La statue de bois peint de la Vierge du Rosaire et les ornementations de la chapelle del Pianto appartiennent de même aux premières années de Notre-Dame d'Ajaccio. Les ornementations sont attribuées à Dominique Tintoret, opinion qui mérite d'être vérifiée, et si les médaillons sont réellement de lui, le gouverne-

---

(1) *Vita di G. Giustin.*, p. 49.
(2) *Id.*, p. 47.
(3) L'on a bâti depuis, sur le même emplacement, le collège des jésuites.
(4) Le marc d'argent, en 1593, valait 18 liv. 3 sous.
(5) *Vita di G. Giustin.*, p. 53 et 54.

ment devrait peut-être en faire enlever les repeints. La madone du Rosaire a une draperie de pourpre et d'or. Elle est assise. La tête de la madone et l'enfant Jésus tout entier ont été retouchés, de sorte qu'au lieu de cette teinte que donne la palette du temps, nous avons du cendré, du mat et du blafard. Dieu veuille pardonner aux auteurs ignorés de cette profanation !

La chapelle de Notre-Dame de Miséricorde, riche de ses marbres, a des colonnes de jaune antique que nous avons vues exciter tout l'intérêt d'un ami qui fut de l'expédition d'Égypte, qui depuis, administrateur des biens farnésiens, a été longtemps en rapport avec les artistes de Rome, maintenant la bonne fortune des étrangers, dans les montagnes de Bastelica, qu'il habite l'été. Nous avons nommé l'excellent M. Pasqualini, ancien commissaire des guerres.

Nous voici arrivés à l'époque des Bonaparte. Un jour, on reçut à Ajaccio l'avis ci-après donné par ordre de la princesse Élisa, grande-duchesse de Lucques et de Piombino, chargée du gouvernement général des départements français de la Toscane (1) :

« Florence, le 21 septembre 1811.

« Monsieur,

« Je m'empresse de vous annoncer que S. A. I. mon auguste souveraine a daigné, sur la demande de la fabrique de l'église d'Ajaccio, faire présent à cette église d'un grand autel dont j'ai l'honneur de vous envoyer la description. Cet autel est à votre disposition à Lucques. La personne que la fabrique désignera pour le retirer, pourra s'adresser à M. le conseiller d'État Guinigi, administrateur général du domaine.

« Veuillez recevoir, etc.

« *Le secrétaire d'État de Lucques,* signé : Froussard.

« A M. Ghiraldi, secrétaire de l'office des marguilliers à Ajaccio. »

---

(1) Née à Ajaccio, le 3 janvier 1777, décédée à la villa Vicentina, près de Trieste, le 7 août 1820. Le vainqueur de Montenotte, de Castiglione et d'Arcole, que Madame Mère fut consulter à Milan, accorda son plein assentiment au mariage de sa sœur Élisa avec Félix de Baciocchi, d'Ajaccio *. Ce mariage fut célébré à Marseille le 12 floréal an V.

* Alors simple lieutenant du Royal-Corse, il était assez communément nommé « le frère de Battinetta, » qui fut la plus belle femme de l'île, et devant laquelle se taisaient toutes les rivalités. Madame Letizia fut voir son fils à Brienne. On l'appelait en France *la belle Corse*; et comme on lui témoignait quelque admiration, « Les femmes de mon pays véritablement douces de beauté, dit-elle, sont actuellement à Ajaccio. » Il y avait beaucoup de modestie dans cette réponse, et de la justice aussi. La mère de l'empereur ne l'eût point faite, s'il n'y avait pas eu de signora Battinetta de Baciocchi.

DESCRIPTION. Dans l'église supprimée del Suffragio, ou des Trépassés, de Lucques, il existe un maitre-autel dont le retable est composé de quatre colonnes torses en marbre noir de Porto-Venere (1). Ces colonnes d'ordre corinthien ont un double rang de piédestaux avec des encaissements du même marbre. La frise est également de Porto-Venere. L'entablement, le frontispice et la ramenée sont entaillés. Le reste est ainsi qu'il suit : marchepied élevé, à partir du sanctuaire, de quatre marches ; dessus d'autel d'un seul morceau long de deux mètres et demi ; devant d'autel uni, incrusté de marbres variés ; cadre pour le tableau en marbre mélangé de Seravezza (2). La hauteur de cet autel est de 15 mètres environ, la largeur au plan de 7 mètres, et la saillie, compris l'autel et les marches, 5 mètres.

Nous lisons cette inscription sur l'autel du côté de l'Épître :

ARAM HANC
A JVLIO CARD. SPINOLA
EPISC. LVCEN.
SOLEMNI RITU FVISSE
CONSECRATAM
DIE XXVIII JAN. MDLXXX.
S. BERNARDINI CANTARINI INSTRVMENTA TESTANTVR.

Cet autel a été solennellement consacré par le cardinal Jules Spinola, évêque de Lucques, le 28 janvier 1680. *Un acte de S. B. Cantarini en fait foi.*

Les Lucquois le virent partir avec regret pour la Corse. Frappé de la beauté de ses quatre colonnes qu'il convoitait, un juif de Livourne, pendant qu'on s'occupait de leur transport, en offrit 24,000 francs. On dit que l'autel entier avait coûté 120,000 livres génoises (91,580 fr., la livre génoise équivalant à 15 sous 5 den. tournois ou 76 centimes) (3).

M. Ramolino, cousin germain de Madame Mère, était directeur des contributions directes, des domaines et des droits réunis du département de la Corse. Mais quoi ! nulle mention dans le

---

(1) Marbre noir veiné de jaune.
(2) Marbre rouge veiné de blanc jaunâtre.
(3) 76,15.

décret des préséances, les délices alors, ou la coupe d'amertume des fonctionnaires publics. Il ambitionnait d'être créé prince de Coll' Alto, ayant découvert qu'un Eriberto Ramolino, au Xe siècle, avait été comte de Coll' Alto dans les États vénitiens. L'empereur et roi sourit, et ordonna qu'on lui envoyât les insignes de son ordre de la Réunion. Voilà ce qui venait de se passer quand M. André Ramolino donna à Notre-Dame de Miséricorde la couronne d'or qu'elle porte dans les solennités (1). La Vierge l'avait consolé de la perte de ses justes espérances.

Qui nous racontera l'histoire d'Ajaccio sous le consulat et l'empire? Quel drame et que de leçons! On eut d'abord la vice-royauté de Miot (2), et puis le généralat et la haute police de Morand (3). Le conseiller d'État Miot, comte de Melito, ancien ministre plénipotentiaire en Toscane, ancien ambassadeur en Sardaigne, et le général de division Morand étaient des hommes d'infiniment de mérite. Le premier, dont l'administration fut si noble, si digne, si éclairée, malheureusement si courte, ne fit pas moins pour la civilisation du pays dans deux ans que son successeur pendant les neuf années de son commandement laborieux (4). Alors un nouveau monde s'éleva à Ajaccio. « Comment dois-je me conduire envers vos parents? avait demandé le comte Morand en prenant à Paris les derniers ordres du premier consul, qui lui répondit : Tous mes parents sont ici. » Cependant M. Ramolino dépensait en Corse 56,000 francs toutes les années au milieu de la médiocrité générale des fortunes (5), et de plus, il avait naturellement l'oreille de

---

(1) Elle coûta soixante louis. M. Ramolino était membre de la fabrique; à sa mort, il lui donna mille francs.

(2) *Arrêté des consuls du 17 nivôse an IX*, inséré au bulletin des lois.

(3) *Arrêté des consuls du 22 nivôse an XI*, inséré au bulletin des lois.

(4) Cette époque est riche d'anecdotes. En voici une que nous rapportons, parce qu'elle est courte et bien innocente. Une fois, par amour de la science et du pays qu'il étudiait sous toutes ses faces, Miot arrive jusqu'aux plus hautes crêtes du monte d'Oro; mais comment en descendre? il n'avait que précipices sous les yeux. Un berger, son guide, le prit sur son dos. On sait que l'administrateur général faisait les choses en prince : il donna sa bourse à ce berger, qui eut quelques jours après une plus belle cabane et un troupeau beaucoup plus nombreux.

(5) Le commandant militaire avait un plus grand état de maison, et encore plus

Madame Mère et du cardinal Fesch, qui aimaient à s'occuper des grands et des petits intérêts de l'île. M. Ramolino y fut un ressort ajouté à une machine qui ne l'exigeait point. On sent que la machine fonctionna mal. Cette belle époque de l'empire fut à peu près perdue pour Ajaccio. L'empereur eût dû faire entrer M. Ramolino au sénat, et envoyer dans le département où il y a tant à faire, un de ses meilleurs préfets (1).

Le testament du cardinal Fesch, oncle de Napoléon, contient cet article : « Je laisse, à titre de legs, à la cathédrale d'Ajaccio, dont je fus pendant plusieurs années archidiacre, première dignité de cette église, une boîte renfermant un calice d'argent, des burettes avec leur bassin, et une chasuble violet de Perse. » Le calice et les burettes ont des épis et des raisins, sur celui-là relevés en bosse, sur celles-ci gravés en creux. On disait à Rome que le manteau royal d'un ancien monarque de l'Orient avait fourni l'étoffe de la chasuble, qui aurait été de la plus grande somptuosité et d'un prix inestimable. La chasuble toute simple a le fond parsemé de petites fleurs tissues d'or. Ces objets ont sans doute beaucoup de prix, en considérant qu'ils servaient à l'usage personnel de son Éminence.

Le cardinal avait eu l'intention d'envoyer des tableaux. « Mandez à la fabrique, disait-il au marquis Cunéo d'Ornano, trois mois avant son décès, que si Dieu m'accorde vie, je n'oublierai pas l'église de mes premières années et de mes premières dévotions ; que déjà j'avais expédié de petits tableaux de seconde ligne pour orner les intervalles vides, ces mêmes tableaux dont les marins de Saint-Érasme se sont emparés pour le compte de leur oratoire, ce que je n'ai su que quand il n'était plus temps d'y remédier, et j'ai dû le reconnaître de bonne prise (2). » La fabrique se flattait qu'elle recevrait pour le maître-autel l'Assomption du Guide, qu'on savait exister dans le palais de Mgr Fesch. Sous ce rapport aussi,

---

d'argent pour le soutenir. (Traitement de son grade, 15,000 fr.; représentation, 24,000 fr.; logement, 1,800 fr.; fourrages de huit chevaux, 3,000 fr.; frais de police [sur les jeux de Paris], 36,000 fr.; total 80,000 fr., ou plus exactement 79,800 fr.).

(1) M. de Ramolino, né en 1763, membre de la chambre des députés sous Louis XVIII, est décédé en 1832.

(2) **Lettre de Rome**, du 7 février 1839.

comme sous tant d'autres, on regrette que la mort n'ait pas attendu encore quelques années pour venir secouer cette pourpre romaine.

Nous n'ignorons pas ce qu'a écrit un ami éclairé des beaux-arts, M. Schmit, inspecteur des bâtiments diocésains, sur l'usage des tableaux pour la décoration des églises. Mais il n'est point de doctrines absolues, de règles de goût inflexibles. On connaît la belle harangue de Marcus Agrippa, que Pline a vantée. « La place véritable des grandes œuvres, disait ce guerrier, le premier homme de l'empire après l'empereur Auguste, est sur les places publiques, sous les portiques et *dans les temples.* » Ajaccio vient de recevoir mille objets d'art provenant de la galerie du cardinal Fesch. L'ancien roi des Espagnes et des Indes, exécuteur testamentaire du cardinal, avait dit quelque temps auparavant : « La cathédrale aura des tableaux pris parmi ceux destinés à la ville, si elle n'en reçoit d'ailleurs. »

La fabrique en a reçu trois *d'ailleurs*. On sait que les officiers de la maison de Joseph ont envoyé en Corse, outre les mille objets d'art pour la ville d'Ajaccio, un certain nombre de tableaux pour les églises. Sur ces tableaux on a livré à la cathédrale :

1° Un Jésus portant sa croix, bien composé, bien dessiné, manquant d'effet et de perspective ; ancienne école ;

2° Un Couronnement d'épines ; belle composition, dessin médiocre, presque entièrement repeint ;

3° Une sainte Vierge égyptienne pénitente ; d'un dessin correct, d'un coloris très-vigoureux ; belle expression de tête. Ce tableau, de bonne école et bien conservé, n'était pas destiné à la cathédrale. Confondu dans une foule de toiles fort ordinaires, la fabrique a demandé et obtenu qu'il fût remis en échange du troisième tableau de la valeur à peu près des deux premiers, qui lui était réservé. Cette toile, la meilleure de la cathédrale, si pauvre, il est vrai, en tableaux, ne réunit pas les suffrages de tout le clergé, à cause des nudités. Elle est pourtant d'un chaste pinceau, et n'allume dans le sein de celui qui y jette les yeux rien de contraire à la sévérité des enseignements chrétiens.

Mais est-ce assez pour regarder le prince Joseph dégagé de sa parole de roi? Est-ce assez en considération de ce que voulait faire le cardinal pour l'église qui fut la paroisse de tous les Bonaparte? Est-ce assez pour la cathédrale que les étrangers visitent, et de laquelle ils sortent attristés en raison du peu de souvenirs qu'ils y trouvent des grandeurs dont le passage a laissé sur des terres plus heureuses tant de nobles traces? Il y a ici une question de convenances qu'il appartient maintenant au conseil municipal de résoudre. Il ne s'agit que d'une demi-douzaine de toiles diverses, tout au plus : ce n'est pas la monnaie du Guido-Reni qu'on avait espéré d'obtenir.

Le Christ agonisant, placé dans le sanctuaire vis-à-vis de la chaire épiscopale, est de quelque prix. On le croit une ancienne copie d'un beau tableau. Jean-Jérôme Rossi, d'Ocana, avocat distingué à Ajaccio (1), neveu de l'abbé Rossi, secrétaire et intendant de Madame Mère, l'avait apporté de Rome. Il le donna à la cathédrale. C'est à lui encore enfant que Napoléon, le trouvant un jour plongé dans je ne sais quelle lecture, adressa ces mots : Jeune homme, lisez Homère et Ossian. — Ce tableau a un cadre aussi beau que les cadres de Paris, travail d'un bien intéressant commençant, le doreur Petrocchi, d'Ajaccio.

La fabrique fait au delà de tout ce qu'il est permis d'attendre d'un très-faible budget des recettes. Elle suit le principe recommandé par le baron Quinette, directeur général de la comptabilité des communes et des hospices sous l'empire. De l'ordre et toujours de l'ordre dans les dépenses ordinaires. On est tout étonné à la fin de l'exercice, quand on a eu la force d'en agir ainsi, de ce qui reste en caisse pour les dépenses extraordinaires ou les belles choses qui font la gloire de l'établissement et conservent le souvenir des bons administrateurs. Nous allons mentionner quatre des emplettes les plus récentes de la fabrique.

1. Six chandeliers d'autel de la hauteur de 57 centimètres, comme ceux de Mgr Giustiniani et de Mgr Rivarola (2), ayant les

---

(1) Né en 1793, décédé en 1832.

(2) Octave Rivarola, né en 1594, évêque d'Ajaccio en 1627. La cathédrale lui doit les six chandeliers d'argent ciselé qui portent le millésime 1631. Mort en 1652. Cette famille, que l'empereur Conrad II investit en 1029 du fief de Rivarola près de Chiavari, est aujourd'hui représentée dans l'île de Corse par le comte de Rivarola, ancien membre de la chambre des députés.

pieds et les tiges triangulaires avec de riches ciselures. Ils sont ornés de médaillons et de cartouches dont le sujet a spécialement trait à la bonne, haute et puissante dame de Miséricorde.

2. Un bénitier orné d'anges en cariatides et de médaillons ovales représentant l'Assomption de la Vierge, patronne de la cathédrale, et la Résurrection du Sauveur. On lui a donné le nom de bénitier Médicis, le modèle étant sans doute venu de Florence, quand les Médicis y exerçaient le pouvoir suprême, ou de Rome, quand Léon X, le digne fils de Laurent le Magnifique, y régnait, entouré d'un peuple d'artistes. Il ne saurait être d'un galbe plus gracieux.

3. Deux bassins à contours avec des médaillons et des groupes d'anges. On y voit des touffes de fruits d'un fini parfait.

4. Un crucifix copié sur un bel ivoire d'Italie, qui se trouve chez les Bénédictins de la rue Monsieur à Paris. Le Christ a 64 centimètres ; la croix d'ébène a 1 mètre 75, sans le piédestal, orné de bas-reliefs qui ont pour sujet, au milieu, l'Assomption, et sur les côtés l'Annonciation et la Visitation. On envoya un plâtre à la fabrique pour donner une idée de ce qu'on pourrait lui fournir. Le crucifix d'argent, qui devait être plus beau, n'a pas été tout à fait aussi bien exécuté.

Les six chandeliers pèsent 8,454 grammes, le bénitier Médicis 1,462, les deux bassins 1,227, et le crucifix 5,550 ; en tout 15 kilogrammes 873 grammes d'argent, qui, à 224 francs le kilogramme, forment un total de 5,066 francs pour la valeur de la matière, sans compter la main-d'œuvre et les autres frais. Mais c'est en raison de la beauté seule de l'ouvrage que nous en parlons ici. Or, il suffira de dire que l'on y a employé les meilleurs ouvriers de la capitale.

Sa Sainteté le pape Grégoire XVI a donné à la cathédrale un calice, beau comme on sait les faire à Rome, comme le saint-père sait les commander aux artistes. On voit autour de la coupe, qui est d'or, quelques scènes de la marche au Calvaire ; sa base est enrichie des symboles ailés des quatre évangélistes, l'ange, le lion, le taureau et l'aigle. Le chapitre et la fabrique, en le recevant (le 10 janvier 1841) des mains de Mgr l'évêque d'Ajaccio, n'ont pu qu'être profondément touchés de ce que le souverain pontife avait daigné jeter ses regards sur cette église humblement cachée au pied des montagnes de l'île. Il a voulu sans doute honorer ce siége à cause de son ancienneté qui remonte à l'établissement des Mérovingiens dans les Gaules, et nous savons qu'il s'est plu en même temps de faire une chose agréable à Mgr Casanelli d'Istria, qui continue avec tant de distinction la longue suite des illustres évêques de Corse.

Cette petite revue des objets d'art ne serait point complète si nous ne citions la personnification de la Religion, tableau envoyé par le gouvernement. Il est d'un peintre de notre temps dont le nom a échappé à nos recherches. On l'a placé à la chapelle del Pianto.

Il nous reste à dire un mot de la protectrice d'Ajaccio. De grandeur naturelle et debout, la Vierge ouvre des bras secourables. On voit qu'elle compatit à nos misères et semble dire : Venez à moi. L'air de tête respire la douceur. Son visage est allongé, amaigri ; c'est qu'elle souffre de la lourdeur de nos fardeaux, disait une femme pieuse. Ses mains sont collées à la draperie ; le côté droit n'est pas assez sorti du bloc. La première statue, qui fut une offrande du capitaine Orto et que l'on conserve à l'hospice, est d'un style différent. C'est Marie toute jeune fille avec la morbidesse et la douce quiétude des vierges qui s'ignorent. Il serait digne de la piété et du patriotisme du corps municipal de faire venir pour la cathédrale une autre *Mater misericordiæ*, un œuvre du premier artiste connu, de Canova, s'il vivait, de Pradier, de Bartolini ou de tout autre statuaire célèbre, en remplacement de celle-ci, œuvre médiocre sous le rapport de l'art, et qui pour cela ne satisfait pas les étrangers. Nous voudrions voir les noms du maire et des conseillers de la commune gravés sur le socle ou sur pan de la robe de la Vierge mère. Nos neveux les liraient avec le même intérêt que nous lisons aujourd'hui ceux des magnifiques anciens (1) qui vouèrent la ville, il y a deux siècles, à la mère des miséricordes et des consolations. Qui voudrait se récrier sur la dépense ! On sait ce qui arriva à la plus belle époque de l'art, chez le peuple le plus civilisateur de l'antiquité. Au mot *économie*, employé à dessein par

---

(1) Colonna (Jean-Valère), Pozzo di Borgo (Jérôme), Sambuceto (Jean-Baptiste), Scaffa (Jérôme), et Spoturno (Pierre).

Phidias pour éprouver le peuple, Athènes entière se souleva, parce qu'il s'agissait de la statue de sa divinité tutélaire (1). Une prophétie a promis à la ville d'Ajaccio l'avenir des plus florissantes cités de la Méditerranée, avec l'aide de la mère de Dieu. Dans le pays, à la vue des accroissements que cette ville a pris depuis le consulat, on s'entretient de la prophétie dont l'origine, à laquelle nous avons essayé de remonter, est enveloppée de beaucoup d'obscurité. C'est une opinion du grand nombre, respectable comme telle et fort heureuse sous un autre point de vue : elle indique un noble but aux travaux des citoyens et de l'autorité publique.

Notre intention n'était point de parler des ornements pontificaux, parce qu'ils s'usent ordinairement par leur emploi dans les pompes avant qu'une génération passe ; et ce n'était pas la peine de s'occuper de ce qui doit durer si peu. Cependant nous ne pouvons taire un beau nom. Le commandant en chef comte de Marbeuf, commissaire du roi aux États de Corse, correspondait avec les Turgot et les Necker; mais par la seule étude des choses et des mœurs, il s'était fait les plus sages maximes de ce qu'exigeaient les esprits, les circonstances et les lieux. Il appelait la Corse une nation dont le fond est très-bon et qu'il s'agissait d'arracher à un état dû à des guerres intestines séculaires (*MS de la bibl. du roi du 21 août 1775, n° 1828*). Quand il fut donné à ses travaux de porter des fruits, l'île fut tout étonnée de sa tranquillité : les tribunaux étaient les seuls redresseurs des torts, les seuls vengeurs des injures. Dans une lettre du 27 mai 1778, parlant de la colonie grecque qu'il fondait alors sur la pointe de Cargèse et que l'on nommait déjà Marbeuf, son nom vrai et légal, qu'il serait juste de lui restituer, il dit : « Je compte employer deux de mes juments de carrosse pour transporter les terres. » Il subordonnait tout au succès de ses plans et de ses vues. A la fin de l'année, il avait dépensé pour le plus grand bien de l'île, ses propres revenus, ses cent vingt mille livres de traitement, et ce qu'il touchait comme président des États de Corse et comme lieutenant de roi des quatre évêchés de la haute Bretagne (Dol, Saint-Malo, Nantes et Rennes). Il fit beaucoup de plantations en oliviers, mûriers et orangers, arbres où se

---

(1) Raoul-Rochette, *Leçons d'archéologie*.

trouve en germe tout l'avenir de l'île, toujours trop couverte de makis et pas assez peuplée de ces hommes « dont les corps sont de fer, et de plomb les esprits » (*Oliv. de Serres*, I, 24). M. le comte de Marbeuf, disons-nous, ce noble délégué du roi, qui faisait si bien respecter et aimer le nom du prince et le nom français, donna à la cathédrale un ornement pontifical fort riche, composé d'une chape, d'une chasuble et de deux dalmatiques. Ce fut à l'occasion de la naissance de son fils, Laurent de Marbeuf, mort à vingt-six ans, colonel du 6e de chevau-légers. Cet ornement a été réservé, par délibération du conseil de fabrique, pour ne servir qu'en cas d'absolue nécessité, afin de conserver plus longtemps un souvenir auquel on attache à Ajaccio le plus grand prix.

Depuis la conquête, Marbeuf seul a pu rendre de signalés services à la Corse, parce que rien ne lui manqua, ni la capacité, ni l'argent, ni le temps, ni l'attachement au pays (1). Trop souvent, après l'établissement des préfectures, la doctine de J.-B. Say qui regarde avec tant de raison les travaux de l'intelligence comme productifs, est restée, dans l'administration de ce pays, en état de belle théorie. La Corse, arrivée à son époque de transition ou de transformation, est le seul département de France où il y ait beaucoup de gloire à acquérir. Le duc de Richelieu, qui s'était si heureusement essayé à Odessa et dans la Nouvelle-Russie, ambitionna d'y être envoyé. Président du conseil des ministres sous Louis XVIII, il disait : Si le roi n'avait voulu se servir autrement de moi, je lui eusse demandé la préfecture de la Corse (2).

(1) Le comte de Marbeuf, né au château du Gué, paroisse de Noyal-sur-Vilaine, en 1712, décédé à Bastia le 20 septembre 1786. — Son fils, titulaire d'une inscription de quinze mille francs de rente que lui donna l'Empereur en 1809, né à Bastia le 26 mai 1786, mort à Marienpol, par suite de blessures, le 25 novembre 1812.

(2) Nous avons recueilli ce fait quand nous étions secrétaire général de la Corse, de la bouche du beau-frère du duc de Richelieu, M. le marquis de Montcalm-Gozon, alors colonel des chasseurs de l'Hérault, en garnison à Ajaccio.

SECTION II.

Ut pupillam oculi.
Vêpres des dimanches.

La cathédrale possède une châsse du premier martyr, que l'on doit à Mgr Lomellino, évêque d'Ajaccio, sacré en l'année 1725. Une histoire manuscrite de Corse par Lancinelli, conservée à la bibliothèque des missionnaires urbains de Gênes, rapporte que « Mgr Lomellino fit en 1726 plusieurs libéralités à la cathédrale (1), et qu'il dépensa trente mille livres pour diverses œuvres pies dans le diocèse. » La châsse est d'argent avec l'inscription : *Car. Mª Lomellinvs episc. adjacensis donavit in honorem S^{ti} Stephani*. Elle contient une belle relique de saint Étienne, lapidé pendant qu'il priait à genoux et à haute voix pour ses meurtriers (2). Le dimanche de Quasimodo, une procession générale, formée du chapitre, des confréries et du peuple, se rend sur le quai, et celui des chanoines qui porte cette châsse fait la bénédiction des eaux de la mer. Avant la révolution, les magistrats municipaux intervenaient, et il y avait des cierges de ville et des présents de ville. On nous dit, et nous en avons là des preuves suffisantes, que dès le commencement du siècle dernier saint Étienne fut au nombre des saints protecteurs de la nouvelle ville, de son port et de son golfe, que ceux qui ont couru les mers mettent au rang des plus beaux golfes connus, et que les amiraux Hugon et Casy, avec leurs deux cents officiers, ne se lassaient point d'admirer en juin-juillet 1841 (3).

(1) Il existe à l'église un ostensoir d'argent orné de chérubins et de feuilles d'acanthe en vermeil. On y lit qu'il fut donné par lui.

(2) *Actes des Apôtres VI et VII*. — Nous avons entendu sur ce texte du *Pardon des injures*, un sermon d'un talent et d'un effet remarquable, du vertueux et docte abbé Gabrielli, curé de Notre-Dame d'Ajaccio.

(3) Le vice-amiral Hugon est retourné à Ajaccio avec sa flotte au mois d'août 1842. Il a été voir la forêt d'Aëtone ou Actéon *, qu'il a trouvée immense et magnifique.

* Diane avait un culte particulier sur la côte orientale à Alalia (Aleria), la colonie phocéenne fondée l'an 624 avant J. C., il y a vingt-cinq siècles.

Notre-Dame d'Ajaccio possède aussi une châsse de sainte Dévote. La tradition faisait aller dans le monde la noble vierge de Mariana (1) « ornée de peu d'estat et de modestie seulement (2), » comme la coutume veut que se montrent les jeunes filles de Corse. Mgr Colonna d'Istria, évêque de Nice, qui envoya cette châsse, la fit de simple bois, par un souvenir, dit-on, des mœurs sévères de la sainte et des pudiques usages de l'île ; il eut un autre motif encore plus puissant dans l'embarras où il eût été de faire mieux, car il distribuait tout aux pauvres, toujours accueillis au palais épiscopal, alors même qu'il avait disposé de son dernier écu. « Prenez ceci (un couvre-pied où l'on avait brodé ses armes) et allez le vendre, disait-il une fois à une veuve qui l'implorait pour ses enfants. » Cette femme fut offrir le couvre-pied à un juif qui le reconnut. — Malheureuse, c'est à l'évêque. — C'est une aumône de lui. — Le lendemain le juif rendit le riche couvre-pied au prélat dont la bonne renommée l'avait déjà touché. On ajoute qu'il fit une pension à l'infortunée mère, et embrassa la religion du charitable évêque (3). Une légende dédiée à la princesse Hippolita de Monaco fait ce portrait de sainte Dévote :

Era un mare inesausto di latte, etc. (4).

« C'était une mer de lait, de ce lait pur des divines sources de la cha-
« rité, mer immense, mer inépuisable, qui, débordant de son cœur,
« montait jusqu'à ses lèvres merveilles, et leur portait, comme un flot à
« la rive, l'éternelle et douce ambroisie du Paradis. Son regard était un
« éclair, sa voix un tonnerre, jamais suivis de la foudre. »

On voulut la faire sacrifier aux dieux de l'empire. — Je ne le puis, dit-elle, et la jolie et pieuse fille abandonna sa vie aux ennemis des idées descendues du haut de la croix pour refaire les sociétés et régler les cœurs. Monaco, qui possède ses os, est dans le

---

(1) Colonie de Marius, à l'embouchure du Golo.
(2) *Amyot.*
(3) Né à Bechisano en 1758, mort à Sainte-Sabine de Rome en 1835. Il était comte de Drap * et commandeur de SS. Lazare et Maurice.
(4) *Salv Vitali*, p. 245 : légende *molto antica* **, en 1639.

* Comté situé près de Nice.
** Page 239.

diocèse de Nice. Mgr Colonna a donc pu envoyer à la cathédrale d'Ajaccio une châsse de sainte Dévote, et satisfaire ainsi le vœu de l'auteur du *Santuario di Corsica* (1), qui s'était écrié : « Est-il possible que l'île n'ait point une relique d'elle ! » Contemporaine de santa Giulia, la vierge de Mariana dut souffrir le martyre vers la fin du cinquième siècle (2).

(1) Page 239.
(2) *Salv. Vitali*, p. 242. — *Limperani*, t. 1, p. 208. — *Mérimée*, p. 185.

CHAPITRE V.

SITUATION ACTUELLE ET BESOINS.

> Le gouvernement pense aux édifices diocésains qu'il demande de mieux connaître.
> MARTIN (du Nord).

La cathédrale d'Ajaccio, bâtie dans la cité ou la ville circonscrite comme avant la conquête (1768), est tournée du côté de l'horizon nautique : situation heureuse pour la salubrité. De là, le peuple, en sortant de l'église, pouvait apercevoir les voiles des navires passant, à travers ce bel horizon, sur le chemin du commerce qui lie les nations entre elles et les rend florissantes.

Depuis, des particuliers vinrent bâtir leurs demeures tout près de la maison du Seigneur, et Mgr Frà Spinola, évêque d'Ajaccio, y éleva le grand séminaire, dont il posa la première pierre en 1701, et qu'il entoura de murs.

Mais les choses ont été plus loin. On a osé escalader les murs du séminaire, et la cathédrale, sans parvis, n'a pas même la rue libre, car les marches de l'escalier, autrefois disposées en rond, en prennent la moitié. Une place entre ces deux édifices remarquables était regardée comme nécessaire par MM. de Vignolle et de Lantivy, les préfets de la Corse qui s'occupèrent le plus de voirie municipale et d'embellissements dans la ville d'Ajaccio.

La cathédrale est pressée et gênée de deux autres côtés. A peu de frais on pourrait la débarrasser des maisonnettes de la rue Saint-Charles qui lui sont adossées. Il serait digne du gouvernement, pour ne pas faire les choses à demi, d'acquérir aussi les maisons, au nombre de six, qui couvrent la façade postérieure, et dont une n'a que 3 mètres 70 centimètres de largeur sur 5 mètres 20 centimètres de hauteur.

Toute petite que la fit le vicaire apostolique Mascardi, il paraît que la cathédrale suffisait au dix-septième siècle et même au siècle dernier. Aussi quelques vieillards, se servant d'une expression traditionnelle, la nomment-ils *la Chiesa grande* (la grande église). Elle est insuffisante aujourd'hui à la population de la ville, déjà arrivée à plus de dix mille âmes, à son clergé, à ses deux séminaires, aux différentes autorités. Elle n'a que 540 mètres carrés de superficie. Un projet d'agrandissement à effectuer vers la rue du Roi de Rome, ci-devant Bourbon ou Fontanaccia, fut fait par l'architecte Luivini, élève distingué de l'académie des beaux-arts de Milan, sous l'habile direction de M. l'ingénieur en chef Jouvin. La surface totale eût été portée à 858 mètres; le dôme se serait trouvé au milieu de l'église prolongée, et le chœur aurait été placé derrière l'autel, dont un hémicycle eût permis de faire le tour. La cathédrale pourrait être agrandie en outre d'une nouvelle arcade ou chapelle du côté de la façade. On gagnerait par là 192 mètres superficiels de plus. L'église, au lieu de 540 mètres, en aurait donc, non pas seulement 858, mais 1050, le double. Ces changements ne lui enlèveraient pas son caractère primitif; au contraire, le maître-autel redeviendrait isolé. On estima à 90,000 francs les constructions neuves, et à 98,000 francs l'achat de maisons, dont quelques-unes ont acquis depuis une plus grande valeur. L'évêque d'Hermopolis écrivit, le 26 février 1826, qu'il conservait l'espoir de faire exécuter ce projet. Il n'a eu aucune autre suite, parce que le ministère des cultes a fourni des fonds pendant plusieurs années pour les travaux du grand séminaire (1). Mais il est enfin élevé de deux étages ce bel édifice, et le tour de Notre-Dame est maintenant venu.

---

(1) Il servait d'hôtel de préfecture depuis la loi de pluviôse an VIII. Les préfets s'y trouvaient bien. Voici de nobles paroles du baron Angelier au conseil général : « En possession du local occupé par nos prédécesseurs, par des hommes plus dignes que nous de vos suffrages, héritier de leur autorité, sans pouvoir nous dire légataire de leur capacité, il nous siérait mal de nous trouver à l'étroit dans un palais qu'ils ont rempli de leurs noms. » (*Session de* 1829.)

Si son agrandissement immédiat ne pouvait être adopté, il deviendrait indispensable :

1° D'acquérir les maisonnettes qui s'appuient contre les chapelles du Rosaire, de la Miséricorde et del Pianto, car ce qui importe le plus, c'est d'assainir le temple (1), et d'en repousser tous ces petits locataires sans cesse en flagrant contact avec les choses saintes ; d'acquérir également la petite maison qui porte le millésime 1679, incorporée à la cathédrale et servant de forge : acquisitions qui coûteraient à peine 20,000 francs.

2° De reconstruire plusieurs chapelles et rectifier quelques défectuosités : placer, par exemple, sur un autel, l'ancien tabernacle du maître-autel et le détacher ainsi de la cuve baptismale. Cette cuve, enrichie de sculptures, est à moitié cachée, et le tabernacle, appuyé contre le mur échancré, montre à peine lui-même la moitié de ses ornements si variés.

3° D'envoyer un autre tableau pour le maître-autel, et l'orgue promis à l'évêque.

4° D'élever la sacristie de deux étages, afin d'y faire des magasins dont on manque, et une salle de séances pour la fabrique ; le lieu actuel de ses réunions, un peu écarté pour l'administration fabricienne, pourrait servir de logement au prédicateur : on le lui rendrait d'un usage plus utile en faisant une petite porte de dégagement au fond de la chapelle Saint-Philippe, et en rétablissant la petite tribune qui donnait sur le chœur. Ou bien construire au-dessus de la sacristie un presbytère pour le curé de la cathédrale, amélioration que l'empereur ne dédaigna pas de faire mentionner dans le décret du 1er novembre 1807, ce talisman que, de retour de Tilsitt, il envoya à Ajaccio, — par lequel cette ville eût acquis de beaux édifices publics, — mais dont le préfet ne sut pas se servir.

5° De refaire les fresques sans ensemble, sans goût ou effacées. On ne devrait y employer que des maîtres ayant un nom dans le monde artistique ; sinon, mieux vaudrait un simple blanc de chaux, que ceux qui chérissent le beau dans les arts, préféreront toujours aux mauvaises peintures.

---

(1) On ne peut quelquefois officier à l'autel du Rosaire.

Or, comme il faudrait bien un peu plus tard en venir à l'agrandissement de la cathédrale, ces travaux dans œuvre, qui ne sont pas sans quelque importance, auraient été faits en grande partie à pure perte, parce que de nouvelles lignes étant tracées et le vaisseau de l'église devenant plus grand, ils seraient naturellement sacrifiés.

On a une autre raison de se hâter. A Ajaccio l'on exhausse les maisons à qui mieux mieux; souvent on les reconstruit en les reprenant tout à fait au pied; on s'est avancé même, il y a peu de mois, sous les yeux du public étonné, en face de la grande porte du séminaire. Le gouvernement devra donc payer pour prix d'achat des maisons, qu'il sera nécessaire d'abattre, des sommes d'autant plus fortes qu'il aura plus longtemps retardé cet agrandissement de la cathédrale de la Corse, s'il se décide à l'agrandir, et il doit s'y décider, à moins qu'il ne veuille en bâtir une autre. L'état actuel ne saurait subsister.

Le plan de la ville, dont les premières bases furent posées à Paris dans le cabinet du premier consul, est pour l'agrandissement, puisque, d'après ce plan, approuvé par ordonnance du roi du 15 novembre 1826, les maisons sur le devant et sur le derrière de la cathédrale sont à abattre.

Voudrait-on construire une nouvelle cathédrale? Ce serait chose assez difficile sans déposséder le quartier de Notre-Dame. On pourrait justifier jusqu'à un certain point une telle rigueur envers ce quartier qui embrasse toute l'ancienne ville, en construisant une autre cathédrale et un palais épiscopal (1) dignes de la grandeur de la chambre qui a l'initiative du vote dans les questions financières. Car une église un peu plus vaste, il est vrai, mais qui irait se classer parmi les œuvres médiocres du siècle, ne saurait dédommager de la perte de celle où les ancêtres ont prié, où leur poussière repose, de l'église de tant d'illustres et pieux évêques.

---

(1) L'évêché actuel est bien l'ancien évêché; mais, devenu propriété domaniale, et ensuite propriété de Joseph Fesch, Son Ém. l'a fait entrer dans la dotation des frères des écoles chrétiennes et des sœurs institutrices d'Ajaccio *. L'État en paye le loyer pour l'évêque.

* Acte du 8 juin 1816; Lorenzi, notaire à Rome.

Ainsi, à moins de convoquer les maîtres de l'art pour élever à Ajaccio une cathédrale qui rivalisât avec les beaux monuments du royaume, et bâtir également à cette occasion un palais épiscopal, ce qui serait du reste parfaitement bien entendu ; à moins de dépenser un million et demi ou deux millions, il conviendrait de se borner à l'agrandissement de l'église que Boncompagno voulut faire grande. Quant au palais épiscopal, l'État devrait le racheter et y joindre trois maisons voisines ; mais aux difficultés de la jurisprudence commune des bureaux du génie militaire, l'on aurait à opposer devant M. l'ingénieur en chef de la place, l'axiome : *odiosa restringenda*, et faire valoir qu'il s'agirait ici d'un service public. La cathédrale et l'évêché donnent d'un côté sur la rue du Roi de Rome ; il serait donc facile de lier en quelque sorte un édifice à l'autre pour la commodité de l'évêque et de son clergé. Tout cela offrirait une grande économie ; on jouirait plus tôt ; et deux bâtiments qui ne sont pas sans quelque intérêt pour l'histoire locale et l'archéologie (1), si heureusement situés dans un quartier qui a perdu la préfecture, qui est menacé de perdre le collège, quartier d'où le commerce s'est en grande partie retiré, quartier silencieux, continueraient à avoir la même destination que par le passé. Mais nous n'oserions jamais présenter ces simples aperçus comme une manière de voir bien arrêtée, qu'autant qu'ils entreraient dans les desseins de Mgr Casanelli d'Istria, juge, sans contredit, infiniment plus compétent par sa haute raison et les études qu'il ne cesse de faire de son diocèse. Du reste, on gagne toujours fort peu, il faut l'avouer, à tous ces replâtrages et raccommodages.

Un trait oublié et un mot de conclusion. Quand les peuples de la terre se prosternaient devant Alexandre, les Corses ne voulurent point députer vers lui. *Corsos autem nullos*, a dit Pline. Cette

---

(1) Le palais épiscopal a cette inscription sur sa porte de marbre blanc :

ÆDES EPISCOPALES A FABIANO JVSTINIANO VENERAB. MEM.
ANTISTITE ADJACEN. AN. SAL. MDCXXII EXTRVCTVS EJVS SVCCESSOR
FR. PETRVS SPINOLA NOVO ORDINE INSTAVRAVIT ET AVXIT MDCCI.

Plus haut, on voit l'écusson des Giustiniani. Frà Spinola fit écrire en grosses onciales, sur toute l'étendue des murs, une devise tirée du texte de saint Paul, ch. 2, v. 7.

humeur fière ne dut pas déplaire au conquérant qui, un jour, comme nous l'apprend Diodore de Sicile, écrivit sur ses tablettes : « Élevons dans l'île de Cyrnos un temple magnifique à l'éternelle « Sagesse. » Le devis était bien digne du Macédonien : il se montait à 1,500 talents (8,000,000 de francs). La fin prématurée d'Alexandre vint tout déranger. Napoléon eût dû s'occuper de cette île à plus juste titre. Mais bien qu'il sût descendre dans les détails, car, une fois le mouvement d'ensemble donné, les détails, c'est l'administration même, il négligea un peu la Corse, comme on néglige l'objet absent de nos affections, à nous pauvres humains, race essentiellement oublieuse. La mort avait surpris le héros grec ; les revers vinrent surprendre la grande renommée des temps modernes. Dès l'île d'Elbe, Napoléon montra des regrets. Il eût voulu faire tant de choses en Corse ! Il les eût certainement faites sans Waterloo. Aujourd'hui Louis-Philippe Ier semble se complaire à consoler ce beau département. Les deux cent mille catholiques du diocèse d'Ajaccio n'ont pas à proprement parler de cathédrale, ainsi que nous l'avons vu. Ils mettent toute leur confiance dans la justice des ministres et dans celle des chambres législatives, s'il devenait nécessaire de réclamer leur concours.

On a espéré que ces recherches ne seraient point lues sans quelque intérêt.

Puissent-elles ne point être consultées sans utilité pour la Corse, le juste et noble objet des sollicitudes du gouvernement du Roi !

FIN.

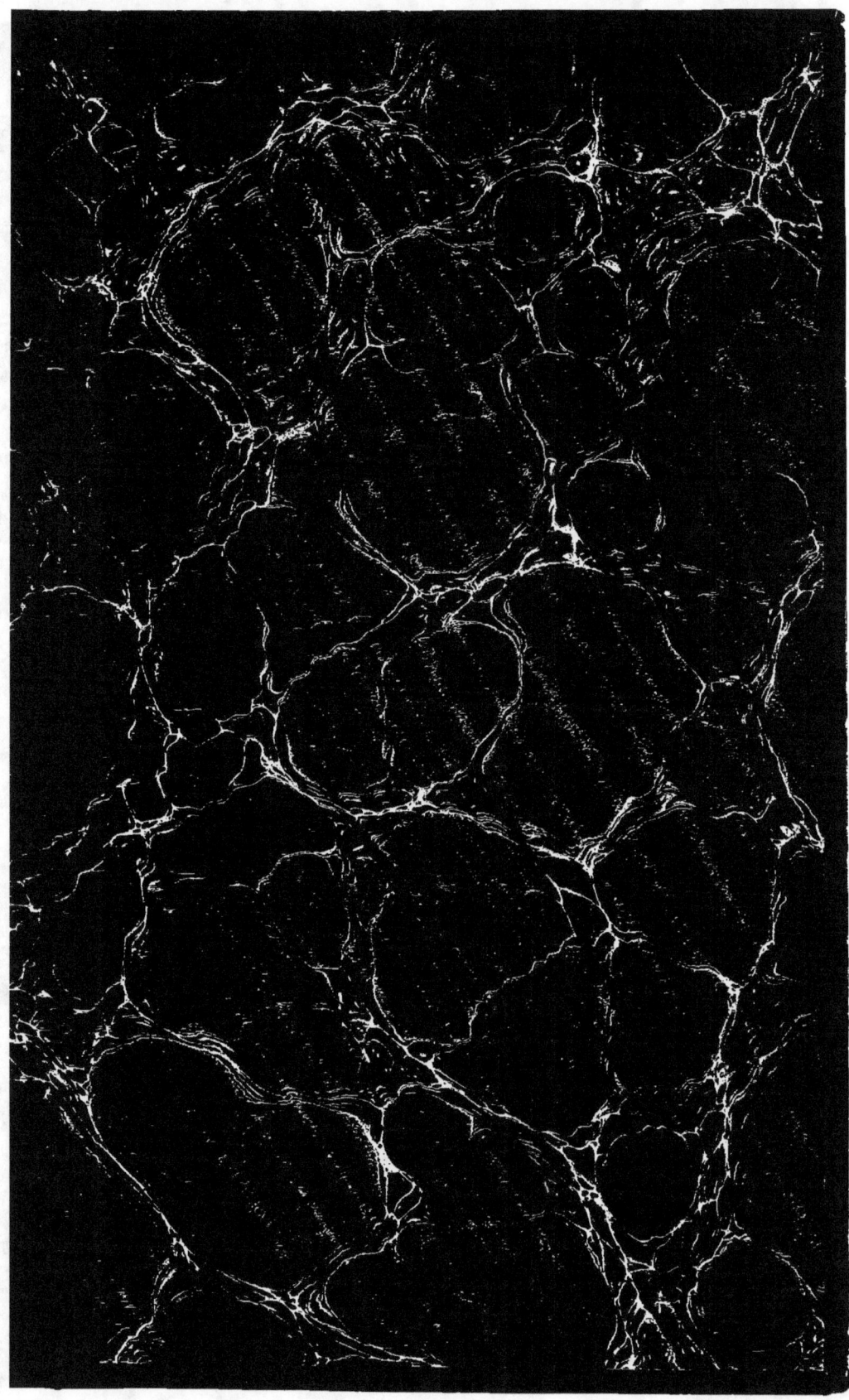

www.ingramcontent.com/pod-product-compliance
Lightning Source LLC
LaVergne TN
LVHW021007090426
835512LV00009B/2127